lonely planet

AF276409

DE CERCA

BARCELONA

Isabella Noble

Sumario

Arriba: cúpula del Palau
de la Música Catalana (p. 76).
Abajo: Park Güell (p. 132).

Explora Barcelona 28

Guía práctica 172

★ Imprescindible

DESDE ARRIBA, ISABEL TALLEDA GUERRERO/GETTY IMAGES ©, DAVID SOARES PHOTOGRAPHY/SHUTTERSTOCK ©

El viaje empieza aquí

Crecí en Málaga y conozco Barcelona desde que era adolescente, y aún me fascinan los edificios modernistas, las playas doradas, la interminable y emocionante oferta gastronómica y la enmarañada Ciutat Vella. Pero Barcelona es mucho más que monumentos estelares. Ya he perdido la cuenta de los fines de semana que he bajado a pie desde Gràcia hasta la playa de Bogatell atravesando el Parc de la Ciutadella. Me encanta caminar por las montañas de Collserola, vivir las fiestas de barrio en la calle y ponerme al día durante horas con los amigos con un vermut en plazas llenas de vida.

Isabella Noble
@isabellamnoble
Isabella es una periodista de viajes que creció en Andalucía pero vive en Barcelona y está especializada en España. Ha colaborado en unas 50 guías de Lonely Planet.

Festes de la Mercè (p. 43).

LO MEJOR

Arquitectura

Pocas ciudades se definen por su paisaje urbano como la capital catalana, con la maraña de callejas peatonales de Ciutat Vella que desembocan en las anchas calles de L'Eixample, donde aguardan fantásticas obras del modernismo.

Adentrarse en el bosque de piedra de la gran obra modernista de Gaudí, la **Sagrada Família,** y descubrir el barrio circundante. (p. 108)

Descifrar los caprichos ornamentales del **Palau de la Música Catalana** en la Ribera, una joya modernista de Lluís Domènech i Montaner. (p. 76; foto arriba izda.)

Conocer la próspera época medieval de la ciudad en la **catedral de Barcelona,** de estilo gótico catalán, antes de callejear por el Barri Gòtic. (p. 38; foto arriba dcha.)

Participar en un circuito a pie por **L'Eixample** con un arquitecto local para ahondar en algunas obras maestras de Gaudí y en otras menos conocidas del modernismo. (p. 116)

Intuir el futuro arquitectónico de Barcelona paseando por el Poblenou, el barrio del momento donde está la apepinada **Torre Glòries** de Jean Nouvel. (p. 98)

Dcha.: Casa Batlló, L'Eixample (p. 112).

NITO/SHUTTERSTOCK ©

'Calçots'.

Experiencias gastronómicas

Barcelona es uno de los grandes destinos gastronómicos del mundo. Algunos de los mejores chefs españoles fusionan sabores catalanes con una creatividad ilimitada, aunque las influencias internacionales también brillan con luz propia.

Escoger entre un sinfín de maravillas con estrella Michelin, como **Disfrutar,** con tres estrellas, un puntal de la gastronomía y el diseño. (p. 124)

Ir a la sierra de Collserola en invierno para una **'calçotada',** un festín cuya estrella es el *calçot,* una variedad de cebolla tierna (p. 150).

Unirse a los barceloneses un domingo cualquiera para **'fer el vermut'** por el heterogéneo barrio de Gràcia, visitando alguna de sus vermuterías más celebradas (pp. 137 y 141-142).

Buscar el **arroz** perfecto en la **Barceloneta** o aprender a hacer una paella en una **clase** en el Poblenou (p. 97).

Salir de tapeo y *pintxos,* por ejemplo, por el **Carrer de Blai** (p. 166) del Poble-sec y por el animado **Born** (p. 78).

LO MEJOR

Al aire libre

En el día a día en Barcelona también hay espacios naturales donde refrescarse. Hay que acercarse al Mediterráneo y a las playas; por su parte, los parques aportan pinceladas verdes a la dispersión urbana por la que despuntan colinas tapizadas de pinos.

Descubrir las playas más apartadas, como **Bogatell** (con restaurantes de playa) o la **Mar Bella** (epicentro LGTBIQ+ en la playa). (p. 90; foto arriba izda.)

Escapar del bullicio urbano en los senderos entre pinos del **Parc Natural de Collserola,** de 80 km². (p. 148)

Pasear por el céntrico **Parc de la Ciutadella,** donde la gente hace ejercicio, juega a pimpón, corre y pasea. (p. 77)

Sumarse a los **surfistas de remo o bañistas** al amanecer en el paseo marítimo de Barcelona. (p. 94)

Ir a la zona norte del **Park Güell** para disfrutar de las vistas y de senderos que serpentean entre la vegetación. (p. 132; foto arriba dcha.)

Bucear frente a la Barceloneta con **Underwater Barcelona,** que también organiza salidas de limpieza del fondo marino y cursos de buceo. (p. 97)

LO MEJOR

Experiencias artísticas

La capital catalana, moldeada por siglos de rico patrimonio creativo, alberga una de las escenas artísticas más estimulantes de España, con museos de primer nivel, galerías independientes y arte urbano vanguardista.

Escarbar en los primeros años de Pablo Picasso y su íntima vinculación con Barcelona en el **Museu Picasso** de la Ribera. (p. 68)

Adentrarse en la mente del gran surrealista catalán en la **Fundació Joan Miró,** edificio contemporáneo de Josep Lluís Sert. (p. 160; foto arriba izda.)

Desentrañar el revolucionario arte español y catalán en el **MACBA** en el Raval, y luego callejear por este creativo epicentro de arte urbano. (p. 55; foto arriba dcha.)

Encandilarse con los frescos románicos, expuestos tal y como se encontraron en iglesias remotas, en el **Museu Nacional d'Art de Catalunya** (MNAC) de Montjuïc, arcón de siglos de arte catalán. (p. 158)

Conocer a los artistas catalanes contemporáneos de vanguardia en el **Museu Can Framis** del Poblenou, alojado en una reconvertida fábrica textil del s. XVIII. (p. 99)

Dcha.: MNAC.

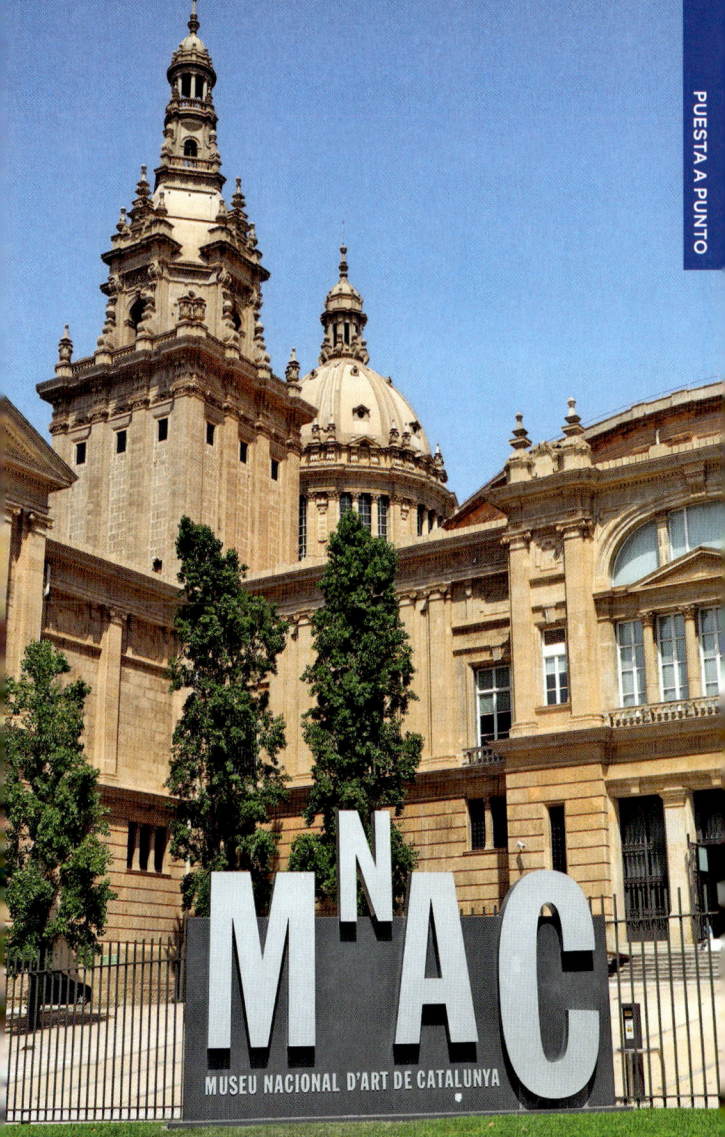

ANSHARPHOTO/SHUTTERSTOCK ©

Barcino romana.

LO MEJOR

Historia de la ciudad

Fundada por los romanos hace 2000 años, Barcelona ha asistido al auge y caída de culturas, y sus lugares de interés histórico son un importante reclamo. En cualquier edificio hay reliquias históricas.

Viajar hasta los orígenes de Barcelona a través de los vestigios de la **Barcino romana.** (p. 40)

Admirar la **basílica de Santa Maria del Mar** de estilo gótico catalán y las enmarañadas calles del Born, que evocan la próspera época medieval de la ciudad. (p. 72)

Analizar cómo las exposiciones internacionales cambiaron la fisonomía de Barcelona, en 1929 con la **Plaça**

d'Espanya y en 1888 con el **Parc de la Ciutadella.** (p. 167)

Adentrarse en un capítulo más siniestro de la historia local en el **Castell de Montjuïc,** utilizado a lo largo de los siglos como cárcel de prisioneros políticos. (p. 164)

Explorar el **Refugi 307,** uno de los 1300 refugios subterráneos construidos para proteger a los barceloneses durante la Guerra Civil. (p. 165)

LO MEJOR

Mercados

Barcelona cuenta con algunos de los mercados de productos frescos más bonitos de Europa, cuya oferta cambia con la temporada. Muchos chefs locales compran sus ingredientes frescos en los 39 mercados de la ciudad.

Descubrir el restaurado **Mercat de Sant Antoni,** del s. XIX, un edén de productos frescos que inauguró la escena creativa en el barrio de Sant Antoni. (p. 164; foto arriba izda.)

Profundizar en la escena gastronómica de Gràcia en el modernista **Mercat de la Llibertat** y comer en sus bares. (p. 136)

Asombrarse con el tejado caleidoscópico y el diseño avanzado del **Mercat de Santa Caterina** en la Ribera, para luego tomar un vermut y una tapa en el bar. (p. 76)

Comprar en el popular **Mercat del Ninot,** de 1933, en la zona del Hospital Clínic. (p. 119)

Llegar pronto para poder apreciar la belleza y la abundancia de **La Boqueria** y desayunar con calma antes de que lo invadan los turistas. (p. 36; foto arriba dcha.)

Comprar flores naturales en el bonito **Mercat de la Concepció** de L'Eixample. (p. 118)

LO MEJOR

Ocio nocturno

Una Barcelona totalmente diferente despierta cuando se pone el sol e invita a probar vinos catalanes en una elegante vinoteca, beber cócteles en una azotea o bailar toda la noche en las discotecas.

Juntarse con algunos amigos para un **vermut** antes de comer en Gràcia (p. 136) o Sant Antoni (p. 165), donde *l'hora del vermut* está en pleno auge.

Seguir los pasos de Hemingway, Gaudí y demás eminencias por los bares del Raval con historia, como **Casa Almirall** y el **Bar Marsella.** (p. 60; foto arriba izda.)

Alcanzar nuevas cotas de mixología creativa en premiadas coctelerías de L'Eixample como **Sips** y **Esencia.** (p. 123)

Bailar hasta las tantas en las veteranas discotecas del sur del **Barri Gòtic.** (p. 46).

Salir de coctelerías, bares de vinos y garitos con música en directo por el Passeig del Born, y con suerte, entrar al súper estelar **Paradiso.** (p. 80)

Contemplar Barcelona, cóctel en mano, desde un glamuroso bar de azotea, como el **Jardí Diana** en L'Eixample. (p. 127)

Lo mejor para niños

Ir a la bulliciosa **Platja de la Barceloneta** (p. 94) o a playas con un ambiente más local como las de **Bogatell** (p. 90) y **Nova Icària.** (p. 90)

Regalar a los niños un día en el *vintage* **Parc d'Atraccions Tibidabo,** cuyas atracciones sobrevuelan el horizonte urbano. (p. 149)

Interactuar en el museo de la ciencia **CosmoCaixa,** en la zona alta, gustará a toda la familia. (p. 151)

Explorar la belleza mágica de la **Casa Batlló** de Gaudí, donde las instalaciones artísticas inmersivas, las proyecciones volumétricas y las tabletas de realidad virtual ayudan a los niños a sumergirse en la experiencia. (p. 112)

Llevar a los niños a **Montjuïc** para que jueguen en tirolinas, jardines y toboganes gigantes. (p. 164)

Lo mejor gratis

Embobarse con las fachadas de los **edificios modernistas** de L'Eixample, diseñados para exhibir la riqueza de sus propietarios. (p. 116)

Relajarse en los parques de Barcelona, como el súper céntrico **Parc de la Ciutadella.** (p. 77)

Retroceder unos siglos en el **Born Centre de Cultura i Memòria,** un mercado restaurado que exhibe vestigios romanos y de casas del s. XVIII. (p. 80)

Pasear, correr, montar en bicicleta, patines o incluso en monopatín por el **paseo marítimo.** (p. 90)

Empaparse de la incansable **escena de arte urbano** del Raval y admirar las esculturas al aire libre por toda la ciudad, sobre todo en el frente marítimo. (p. 58)

Tres días perfectos

Como Barcelona es una ciudad bastante compacta, es fácil ir de un barrio a otro a pie y en cortos trayectos en transporte público. Estos itinerarios sirven para ir a los lugares de interés clave, pero no solo en el centro.

La Sagrada Família (p. 108).

PRIMER DÍA

Si solo se dispone de un día

MAÑANA

Salir a callejear temprano por el **Barri Gòtic, La Rambla** (p. 34) y la **catedral** (p. 38) antes de que lleguen los turistas. Tomarse un café en **Right Side** (p. 48) y bajar a la Barceloneta para almorzar en la **Bodega la Peninsular** (p. 101) o **Can Ros** (p. 101).

TARDE

Volver a pie a la Ribera, al norte, para visitar el **Museu Picasso** (p. 68; con la entrada ya comprada) y la **basílica de Santa Maria del Mar** (p. 44), darse una vuelta por las *boutiques* o relajarse en el **Parc de la Ciutadella** (p. 76; en la foto).

NOCHE

Bar del Pla (p. 82) y **Fismuler** (p. 82) son buenos sitios para cenar. Si aún quedan fuerzas, intentar entrar en la coctelería **Paradiso** (p. 80) o salir de bares por el Born.

| SEGUNDO DÍA | TERCER DÍA |

Un fin de semana

MAÑANA

Llegar temprano para visitar la **Sagrada Família** (p. 108), la obra maestra de Gaudí, aún en construcción. Tomarse un café en el **Passeig de Sant Joan,** y contemplar el **Arc de Triomf** (p. 121; en la foto), antes de callejear por el barrio de Gràcia donde tomar un **vermut** (p. 136), o picar algo en **La Pubilla** (p. 140) o la **Bodega Neus** (p. 142).

TARDE

Subir por las plazas de Gràcia hasta el **Park Güell** (p. 132), o dirigirse a L'Eixample para visitar la **Casa Batlló** (p. 112) y/o **La Pedrera** (p. 114).

NOCHE

Compartir exquisitos platos y vinos en **Besta** (p. 124), **Gresca** (p. 124) o **Compartir Barcelona** (p. 124). Luego, salir a bailar, asistir a un espectáculo de *drag queens* o copear en los bares LGTBIQ+ del **Gaixample** (p. 126), o saborear cócteles intrigantes en **Sips** (p. 123) o **Libertine** (p. 126).

Una escapada

MAÑANA

Empezar el día visitando una (¡o dos!) de las galerías imprescindibles de Montjuïc: la **Fundació Joan Miró** (p. 160) y el **MNAC** (p. 158). Bajar de nuevo a la ciudad, para unos *pintxos* en el **Carrer de Blai** (p. 166) del Poble-sec, o almorzar en Sant Antoni, en **Benzina** (p. 170) o el **Bar Pinotxo** (p. 164).

TARDE

Tras visitar el restaurado **Mercat de Sant Antoni** (p. 164), del s. XIX, adentrarse en el Raval para visitar el **MACBA** (p. 55), empaparse de arte urbano o entrar a *boutiques vintage*.

NOCHE

Elegir entre el **Cañete** (p. 61; en la foto), un favorito del tapeo, o el gallego **Arume** (p. 62) en el Raval, antes de ir a los **bares históricos** (p. 59) del barrio. O desplazarse hasta el Poblenou para cenar en **Can Fisher** (p. 101), frente a la playa, y salir de copeo por la **Rambla del Poblenou** (p. 98).

Prepararse

ANTES DE PARTIR

Tres meses Reservar en cualquier restaurante de alta cocina que apetezca probar, y en eventos importantes como conciertos, partidos de fútbol, etc.

Un mes antes Consultar qué festivales, mercados y eventos hay. Reservar en circuitos especializados y mesa en restaurantes o bares populares los fines de semana.

Una semana antes Aún se puede reservar en restaurantes, sobre todo al mediodía y entre semana; apuntarse a circuitos guiados más generales.

Costumbres

Tomárselo con calma Es difícil visitar Barcelona sin estar rodeado de muchísima gente, sobre todo en los lugares turísticos, así que mejor disfrutar de la espera.

Idioma En Barcelona el catalán convive con el castellano, y saber algunas palabras es un reconocimiento a la cultura local que será muy agradecido.

Visitar iglesias Evitar la visita turística cuando hay misa para así respetar a los vecinos.

Ropa

Tejidos ligeros En verano llevar prendas ligeras. Un pareo o un chal también son prácticos.

Ropa cómoda Correr, montar en bicicleta, hacer senderismo, patinar sobre ruedas y otras actividades son atracciones clave.

Capas Fuera del verano, puede hacer fresco por la noche. En invierno se necesitará un abrigo, aunque cuando sale el sol las temperaturas suben.

Sombrero, protección solar y gafas de sol Para combatir el calor.

Conviene saber

Oferta gastronómica En Barcelona cambia constantemente, con nuevas inauguraciones cada semana. Ponerse al día en las redes sociales de plataformas locales como Time Out Barcelona, Barcelona Secreta, Barcelona Food Experience, Foodie in Barcelona y Eat in Bcn.

Cultura cafetera Barcelona cuenta con una de las ofertas de café de especialidad más completas. No obstante, la mayoría sigue prefiriendo tomarse el *cafè amb llet* (café con leche) de toda la vida en la terraza de un bar de barrio.

Horarios de las comidas Se suele comer a las 14.00 (o más tarde) y cenar a partir de las 21.00. La experiencia cundirá más si se come cuando lo hacen los barceloneses, ¡aunque sea complicado encontrar una mesa libre o taburete en la barra!

PROPINAS

Aunque no son obligatorias, se agradecen. En un restaurante lo apropiado sería entre un 5 y un 10%; en bares y cafés, la gente suele dejar algo de suelto. Si se paga con tarjeta, basta con añadir un poco de propina a la cuenta.

PRESUPUESTO DIARIO

Económico Menos de 70 €

- Cama en dormitorio colectivo: **15-40 €**
- Menú de almuerzo: **desde 13 €**
- Explorar a pie: **gratis**
- Tapas/*pintxos:* **2-5 € cada uno**

Medio Entre 70-200 €

- Habitación doble estándar: **70-170 €**
- Cena de dos platos con vino: **desde 30 €**
- Circuitos guiados y entradas a museos: **15-40 €**

Alto Más de 200€

- Habitación doble en hotel-*boutique* o de lujo: **desde 170 €**
- Menú degustación de alta cocina: **desde 110 €**
- Entradas a conciertos en el Palau de la Música Catalana: **unos 45 €**

Moneda
Euro (€)

Idiomas
Catalán y castellano

Hora local
TC +1 h (+2 h en horario de verano)

CONSEJO

Los viajeros con teléfonos de la UE tienen itinerancia gratuita en España. Los demás podrían comprar una e-SIM con una tarifa de datos, o una tarjeta SIM local en una tienda de telefonía.

📅 Cuándo ir

Barcelona es popular todo el año, pero el buen tiempo sumado a una menor masificación hace que las temporadas baja y media sean ideales.

En invierno puede hacer frío, sobre todo si sopla viento, pero aun así luce el sol y la gente, incluso en pleno enero, pasea y come frente al mar. La iluminación y los mercados navideños animan diciembre. Primavera (mar-jun) y otoño (sep-nov) están muy bien para visitarla, con clima más cálido (se puede nadar en el mar) y menos gente, aunque los visitantes de temporada media (y los precios) van al alza. Julio y agosto son temporada alta.

Grandes eventos

Febrero Festes de Santa Eulàlia (p. 42) En torno al 12 de febrero y durante una semana, estas fiestas homenajean a una de las dos patronas de Barcelona y animan el invierno con *correfocs* (pasacalles con pirotecnia), *gegants* (gigantes de cartón piedra), *castells* (torres humanas) y eventos culturales.

Junio Nit de Sant Joan (p. 91) La Noche de San Juan, 23 de junio, se celebra con hogueras, baile, bebercio y fuegos artificiales, sobre todo en la playa.

Finales de junio/principios de julio Pride Barcelona (p. 121) Se celebra el Orgullo LGTBIQ+ durante dos semanas, con conciertos, eventos culturales, fiestas y un desfile.

Septiembre Festes de la Mercè (p. 43) En torno al 24 de septiembre, son cuatro días de fiesta mayor en honor a la otra patrona de la ciudad. Casi todo el jolgorio se concentra en el **Barri Gòtic:** hay *castells* y pasacalles de *gegants* y *correfocs*.

Clima

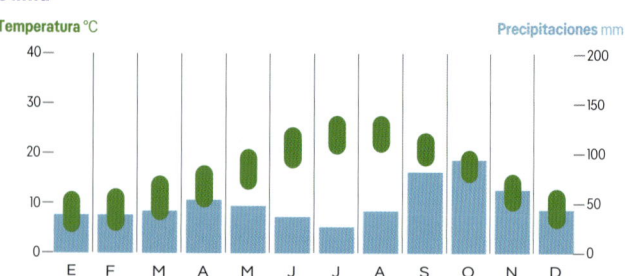

Temperatura °C — Precipitaciones mm

Otras fiestas y eventos

Mediados de enero Els Tres Tombs (p. 166) En esta festividad, que se celebra en los barrios de Sant Antoni y Sant Andreu, los sacerdotes bendicen las mascotas y hay *correfocs* al atardecer.

Febrero Llum BCN (p. 99) Coincidiendo con las **Festes de Santa Eulàlia,** este festival de tres días apuesta por la iluminación creativa de calles y edificios del Poblenou.

Mediados de marzo Marató de Barcelona Más de 27000 corredores se dieron cita en el 2025 en un maratón *(zurichmaratobarcelona. es)* con salida en la Plaça de Catalunya y meta en el Arc de Triomf.

Abril Diada de Sant Jordi (p. 122) El 23 de abril, Cataluña festeja el día de su santo patrón. La gente se regala rosas y libros, se montan puestos en lugares transitados como La Rambla y el **Passeig de Gràcia,** y monumentos como la Casa Batlló se decoran con rosas rojas.

Mediados de mayo La Nit dels Museus Durante el sábado de la "Noche de los Museos" *(barcelona. cat/lanitdelsmuseus/es),* todos abren gratuitamente sus puertas y ofrecen actividades diversas.

Julio Grec Festival de Barcelona El acontecimiento cultural del

ANGELA COMPAGNONE / SHUTTERSTOCK ©

Festes de la Mercè (p. 43).

verano se prolonga durante todo el mes *(barcelona.cat/grec/es)* y presenta docenas de espectáculos de teatro, danza y música en escenarios de toda la ciudad, incluido el anfiteatro del Teatre Grec en Montjuïc.

Agosto Festa Major de Gràcia (p. 136) La gran celebración de Gràcia, quizá la más famosa de las muchas fiestas mayores de *barri* de Barcelona, es conocida por la elaborada ornamentación de sus calles.

CONSEJOS SOBRE ALOJAMIENTO

Las mejores ofertas son en invierno. Reservar directamente con el alojamiento sale mejor de precio. En cualquier época del año, los eventos importantes disparan los precios (como el Mobile World Congress de febrero); hay que reservar con antelación.

✈ Cómo llegar

Muchos viajeros aterrizan en el **aeropuerto de Barcelona-El Prat,** 15 km al suroeste de la ciudad. Los trenes de larga distancia llegan a la estación Barcelona-Sants, al oeste del centro urbano.

Del aeropuerto al centro de la ciudad

En autobús

Aerobús *(ida/ida y vuelta 7,45/12,85 €; aerobusbarcelona.es)* es el transporte público más directo. Circula con frecuencia (24 h) y para en la Plaça d'Espanya y la Plaça de Catalunya (asegurarse antes de las paradas porque cambian en función de si se va o se viene del aeropuerto). La línea A1 va a la terminal 1 y la A2, a la terminal 2. Se tardan 30 min en ir del aeropuerto a la Plaça de Catalunya.

En metro

La línea L9S del metro va y viene del aeropuerto. Para ir al centro *(45 min)* hay que hacer un transbordo, normalmente en Collblanc (L5) o en Torrassa (L1). Se debe comprar un billete especial *(5,70 €)* en las máquinas del metro.

En taxi

Los taxis tardan 20-30 min en llegar al centro *(25-40 €);* el taxímetro debe estar encendido y se puede pagar con tarjeta. La parada de taxis está en la parte de abajo del vestíbulo de llegadas. En horas punta se forman largas colas. También funcionan aplicaciones de proveedores de movilidad como Uber, Freenow y Cabify, pero no suelen ser más económicos que los taxis.

En tren

Se puede ir al centro en tren en 40 min *(5,05 €; cada 30 min),* en la línea R2 Nord de Rodalies.

Otros puntos de entrada

Estación Barcelona-Sants

Al oeste del centro, a la principal **estación de trenes** de Barcelona también llega el metro; se puede subir/bajar en Sants Estació de la L3 y L5, a 15 min del centro urbano.

Estación de autobuses Barcelona Nord

En el extremo este de L'Eixample, cerca del Arc de Triomf, esta es la principal **estación de autobuses** de largo recorrido de Barcelona, con servicios a toda Cataluña y más allá. Como es céntrica, mucha gente va hasta su destino a pie, o toma el metro o un taxi.

🚇 Cómo desplazarse

Barcelona tiene una excelente red de transporte público, gestionada principalmente por **Transports Metropolitans de Barcelona** *(TMB; tmb.cat)*. El metro lleva a casi todas partes, junto a autobuses, tranvías, ferris, funiculares e incluso teleféricos. Los taxis o las aplicaciones de transporte compartido son la mejor opción a altas horas de la noche.

Metro

Para moverse lo más práctico es tomar el metro, con ocho líneas numeradas y codificadas por colores. Funciona de 5.00 a 24.00 *(do-ju y festivos),* hasta las 2.00 *(vi y vísperas de festivos),* y 24 h *(sa).* Las obras de ampliación de varias líneas del metro continúan.

Autobús y tranvía

Barcelona tiene una de las redes de autobuses más verdes de Europa, con vehículos eléctricos, híbridos e impulsados por hidrógeno que llegan a cualquier lado. Entre las 22.00 y las 5.00, hay un reducido servicio de NitBus. También hay seis líneas de tranvía, que son prácticas para ir a Glòries y el Fòrum (T4) y los barrios periféricos del oeste (T1, T2 y T3).

En bicicleta y a pie

Barcelona se puede explorar perfectamente a pie o en bici. Casi todo el casco antiguo es peatonal, aunque L'Eixample cuenta con bulevares anchos y arbolados. La red de carriles-bici es cada vez mayor y suma más de 250 km. Bicing, el servicio de bicicletas compartidas, está más pensado para residentes que para

---

'APP' ESENCIAL

Descargarse la aplicación oficial de TMB para todo lo relacionado con el transporte público en Barcelona.

---

turistas, pero hay muchos establecimientos que alquilan bicicletas. Por algunas calles del casco antiguo está prohibido circular en bici.

Teleférico y funicular

Dos teleféricos suben a la montaña de Montjuïc: el **Telefèric del Port** (p. 97) comunica la Torre de Sant Sebastià, en la Barceloneta, con Miramar, en Montjuïc, y el **Telefèric de Montjuïc** (p. 155) sube a Montjuïc. Los funiculares, integrados en la red del metro, circulan entre la estación del metro de Paral·lel y Montjuïc. Para subir al Tibidabo, el futurista funicular **Cuca de Llum** (p. 145) sube a la montaña desde la Plaça del Doctor Andreu en la zona alta.

Ferri

Inaugurada en el 2024, la flota de ferris Bus Nàutic de cero emisiones comunica el Moll de les Drassanes (cerca del extremo sur de La Rambla) con el Moll de Llevant (cerca del paseo marítimo) en solo 10 min.

Tren

Los trenes suburbanos de **Ferrocarrils de la Generalitat de Catalunya** (*FGC; fgc.cat*) incluyen líneas urbanas prácticas, como las que van al norte desde la estación de Plaça de Catalunya que paran en Provença y Gràcia. Es lo más fácil para ir a los barrios de la zona alta. Para ir a pueblos o playas cercanos (como Sitges o Garraf), hay que tomar los trenes de Rodalies que salen de Passeig de Gràcia, Sants, Plaça de Catalunya y la Estació de França (según el destino).

Taxi

Se pueden parar en la calle o reservarlo a través de *app* y sitios web. Los que salen del aeropuerto, el puerto y las estaciones de trenes/autobuses suele añadir un suplemento. Las aplicaciones de proveedores de movilidad como Uber, Freenow y Cabify son operativas.

Transporte público

Compra de billetes

El metro, los trenes FGC, Rodalies (cercanías) de Renfe y los autobuses forman un sistema integrado de tarifas. TMB gestiona las líneas de metro y autobús. Casi todos los abonos multiviaje se pueden comprar en línea en la web de TMB, aunque la mayoría (y los billetes sencillos) se compran en las máquinas de las estaciones de metro.

Pases de transporte

El Ayuntamiento introdujo hace unos años los abonos múltiples optimizados de transporte en el marco del proyecto T-mobilitat; así, los abonos cubren autobuses, tranvías, metro y trenes FGC (pero estos dependen de las zonas). La tarjeta T-casual, de 10 viajes y recargable, es la más práctica para visitantes. Los billetes sencillos se venden en las máquinas de las estaciones de metro; para ir a/desde el aeropuerto hay que comprar un billete especial (más caro). La tarjeta T-usual ofrece 30 días de viajes ilimitados.

Hola Barcelona Travel Cards

Estas tarjetas de viaje, pensadas para visitantes, ofrecen transporte ilimitado durante dos, tres, cuatro o cinco días consecutivos en autobús, tranvía, Rodalies, trenes FGC y metro. Cuestan de 18,10 € (dos días) a 42,10 € (cinco días). Se pueden comprar en línea.

Zonas de billetes

Casi todo el transporte público de Barcelona se reduce a una única zona a efectos de expedición de billetes: Zona 1.

─────── **CONSEJO** ───────
Caminar es lo más rápido para desplazarse entre lugares céntricos, sobre todo en Ciutat Vella.
─────────────────────────

BILLETES

Billete/Pase	Precio
T-casual	12,55 €
T-usual	22 €
Billete sencillo (metro/autobús/tranvía)	2,65 € (aeropuerto 5,70 €)

PRECIOS

Bus Nàutic Moll de Drassanes-Moll de Llevant
1,90 €

Taxi entre lugares céntricos
10 €

Alquiler de bicicleta por día
15 €

Bus Nàutic.
MICHIKO CHIBA/SHUTTERSTOCK ©

Otra cara de Barcelona

En Barcelona siempre hay que mirar donde se pisa, porque depara sorpresas, pero sin olvidarse de mirar hacia arriba. Y quien se agobie de tanto lugar de interés puede escapar a refugios refrescantes.

Dragones

Durante siglos, el patrón de Cataluña ha sido Sant Jordi (san Jorge), cuya leyenda está íntimamente ligada al dragón. Los dragones están muy arraigados en la identidad catalana y se verán por toda Barcelona, también en las obras de Gaudí y en el **Palau de la Generalitat** (p. 42) e inmediaciones. Al parecer es la ciudad con más dragones por metro cuadrado del mundo.

Piscinas locales

Cuando a los barceloneses les apetece nadar van a las piscinas públicas, que ofrecen asequibles pases de un día. Junto al paseo marítimo de la Barceloneta, se puede entrar al **Club Natació Atlètic-Barceloneta** (p. 95), fundado en 1907. Quizá más espectacular es la **Piscina Municipal de Montjuïc** (p. 167), con vistas a toda la ciudad.

Mirar hacia el suelo

Cuando se pasee por el Passeig de Gràcia en L'Eixample, conviene fijarse en el suelo de baldosas hexagonales grises que pavimentan el glamuroso bulevar –las diseñó Antoni Gaudí en 1904 y lucen motivos naturales como algas marinas, estrellas de mar y moluscos–. Otras baldosas en las que fijarse incluyen la Flor de Barcelona, diseñada por Josep Puig i Cadafalch en 1926.

Refugios verdes

En el centro de Barcelona no abundan los espacios verdes, pero hay unos 90 parques y jardines en la ciudad. Además del Parc de la Ciutadella, hay algunos interiores verdes de manzana (sobre todo en L'Eixample) o jardines adosados a edificios monumentales, como la **Universitat de Barcelona** (p. 122).

FUERA DE RUTA

Disfrutar de una **'calçotada',** (p. 150) en las montañas de Collserola de diciembre a abril.

Descubrir otra cara de Barcelona con **Hidden City Tours** (p. 59), cuyos guías fueron en su día personas sin hogar.

Dirigirse a Pedralbes para ver una obra menos conocida de Gaudí, escondida en los **Pavellons Güell** (p. 150).

Abordar los senderos entre pinos del **Parc Natural de Collserola** (p. 148), donde los vecinos salen a caminar, correr e ir en bici.

Dragón, La Rambla.

Embaldosado, Passeig de Gràcia.

Explora Barcelona

Circuitos a pie y en bicicleta

Park Güell (p. 132).
POL.ALBARRAN/SHUTTERSTOCK ©

Sugerencias de lugares para comer, beber y comprar en **p. 47**

Explora
La Rambla y el Barri Gòtic

El Barri Gòtic, asentado sobre lo que fue la Barcino romana, es la parte más antigua de Barcelona. Durante la dorada época medieval de la ciudad llegaron los grandes edificios góticos y la magnífica catedral. Todo cambió a finales del s. XIX, cuando se derribaron las murallas y muchos edificios se perdieron para siempre. Hoy, el *barri* enamora con su enmarañada red de calles, plazas y patios palaciegos. El turismo masivo se deja notar aquí, pero debajo subyace la ciudad antigua. La Rambla –en su día un arroyo que fluía extramuros– se extiende desde la Plaça de Catalunya hasta el mar, pero hoy llevando un caudal diario de turistas, y alberga instituciones como el Mercat de la Boqueria.

Cómo desplazarse

 Lugares de referencia
Puede ser complicado orientarse en el enmarañado Barri Gòtic, pero lugares como la catedral, la Plaça de Sant Jaume y, al norte, la Plaça de Catalunya, son buenos puntos de referencia.

 Metro
Hay estaciones en los márgenes del barrio, como Liceu, Drassanes y Catalunya en la L3 (prácticos para ir a La Rambla), y Jaume I en la L4 (que deja en el lado este del Barri Gòtic).

 A pie
Es la mejor forma de descubrir la zona, y muchas de las calles de piedra son planas y aptas para sillas de ruedas.

La Rambla (p. 34).
PERESANZ/SHUTTERSTOCK ©

LO MEJOR

EDIFICIO HISTÓRICO
Catedral de Barcelona
(p. 38)

PRECIOSA PLAZA
Plaça de Sant Felip Neri
(p. 44)

LUGARES PARA UNAS TAPAS
Mercat de la Boqueria
(p. 36) y Bar Mono (p. 47)

CALLE PARA PASEAR
La Rambla (p. 34)

RUINAS ROMANAS
Temple d'August (p. 41)

Font de Canaletes

BARRI GÒTIC

Plaça del Vuit de Març

Mural
El mundo nace en cada beso

La Rambla de Canaletes

C de Santa Anna

C de Bertrellans

C de la Canuda

Plaça de la Vila de Madrid

Av. del Portal de l'Àngel

C del Duc

C dels Boters

C dels Capellans

Plaça Nova

C de la Palla

Plaça de Sant Felip Neri

La Rambla dels Estudis

C d'en Bot

C de la Portaferrissa

Església de Sant Felip Neri de Barcelona

C del Pi

C del Pintor Fortuny

Església de Betlem

C del Carme

Palau de la Virreina

C d'en Roca

C del Petritxol

Plaça del Pi

Plaça de Sant Josep Oriol

C dels Banys Nous

La Rambla de Sant Josep

Mercat de la Boqueria

Plaça de la Boqueria

Basílica de Santa Maria del Pi

C del Cardenal Casañas

Bar Quiosc Modern

Kiosko Universal

Casa Bruno Cuadros

C de la Boqueria

C de Jerusalem

EL RAVAL

Mosaico de Miró

Liceu

C de l'Hospital

C d'en Quintana

C d'en Rauric

C de Ferran

Club Sauvage

Más información

Imprescindible ★ p. 34
Experiencias ★ p. 42
Comer ★ p. 47
Beber ★ p. 48
Comprar ★ p. 49

C de Sant Pau

C de l'Arc de Sant Agustí

Gran Teatre del Liceu

La Rambla

Plaça Reial

Jamboree

Tarantos

La Rambla dels Caputxins

C de la Unió

N 0 ————————— 200 m

A   B   C   D

Plaça d'Antoni Maura

C dels Corders

C dels Mercaders

Via Laietana

C de la Boria

C de la Princesa

1

Museu Frederic Marès

11

Saló del Tinell

8

Plaça de Ramon Berenguer el Gran

9 Capella Reial de Santa Àgata

C dels Vigatans

Pla de la Seu

C de Santa Llúcia

C dels Comtes

Plaça del Rei

7

2

C de l'Argenteria

1 Casa de l'Ardiaca

A Catedral de Barcelona

6

Museu d'Història de Barcelona

Plaça de l'Àngel

M Jaume I

10

Av de la Catedral

C del Dr. Joaquím Pou

C dels Capellans

C de Sant Sever

Pont del Bisbe

2

C de Sant Honorat

C de la Llibreteria

C de Jaume I

72

59

C del Sots-Tinent Navarro

Via Laietana

3

58

50

52

33 34

12 13

56

Sinagoga Major

Palau de la Generalitat

4

3 Plaça de Sant Jaume

51

27

Basílica dels Sants Màrtirs Just i Pastor

Plaça de Sant Just

UHBA l Call

C del Call

5 Ajuntament

68

C de la Ciutat

55

C de la Bellafila

37

70

C dels Lledó

Plaça dels Traginers

4

C de Ferran

C del Pas de l'Ensenyança

Plaça de Sant Miquel

C dels Gegants

C dels Templers

Baixada de Sant Miquel

Capella de Sant Cristòfol

28

35

C del Regomir

44

C d'en Gignàs

45

71

29 Església de Sant Jaume

C d'Avinyó

C del Palau

C de la Comtessa de Sobradiel

C de les Caretes

24 Harlem Jazz Club

C d'Ataülf

C de la Lleona

38

47

C d'en Gignàs

C Ample

5

Plaça de George Orwell

C d'Avinyó

C de Milans

C de la Plata

22 Karma

62

C d'en Carabassa

61

C de la Mercè

23 Ocaña

C del Vidre

60

C d'en Rull

C d'en Serra

C dels Còdols

C Simó Oller

6

C Nou de Sant Francesc

46

26 Basílica de la Mercè

C d'Ample

★ IMPRESCINDIBLE

La Rambla

La Rambla es como una autopista peatonal que comunica la Plaça de Catalunya con el puerto y está en medio de la maraña de callejas del Barri Gòtic y del Raval. Qué duda cabe que esta antigua avenida es hoy un lugar concurrido y turístico, pero quien se fije bien verá siglos de historia de Barcelona hacinados a lo largo del bulevar más famoso de la ciudad.

PLANO: P. 32 **D6**

CONSEJO
Visitarla por la mañana para evitar al enjambre de turistas que camina a paso de tortuga. La ciudad tiene un problema con los carteristas, sobre todo en La Rambla; hay que vigilar las pertenencias en todo momento. Los barceloneses no suelen comer en La Rambla; por algo será.

A partir de un hilo de agua...

La Rambla sigue el curso de un arroyo que fluía extramuros durante la Edad Media. Pero en el s. xv el agua se desvió y se construyeron monasterios y mansiones a lo largo del camino arenoso que acabó convirtiéndose en una calle pavimentada. Hoy se conoce como La Rambla todo el bulevar, pero se divide extraoficialmente en cinco secciones, por eso se la llama también las Ramblas (*les Rambles* en catalán).

Lo más destacado de La Rambla

La **Rambla de Canaletes** es el tramo más septentrional, de la Plaça de Catalunya a la **Font de Canaletes,** una fuente del s. xix; *canaletes* hace referencia a los "canales" que en su día llevaban agua a los barrios vecinos. Más al sur, entre el Carrer de la Canuda y el Carrer de la Portaferrissa, se convierte en la **Rambla dels Estudis,** cuyo nombre se debe a una universidad jesuita del s. xv que ya no existe, y está presidida por la **Església de Betlem,** de los ss. xvii-xviii.

La **Rambla de Sant Josep,** o Rambla de les Flors (por su mercado de flores), termina en el **Mercat de la Boqueria** (p. 36). Aquí están el colorido **mosaico de Miró,** firmado por el artista,

SANDRA MORAES/SHUTTERSTOCK ©

y una **inscripción memorial** en recuerdo a las 14 víctimas mortales del atentado terrorista del 2017 en La Rambla. Por aquí también están el **Palau de la Virreina,** un palacio del s. XVIII de estilo rococó que acoge exposiciones culturales, y la **Casa Bruno Cuadros,** una antigua tienda de paraguas remodelada por Josep Vilaseca en 1883.

Entre el mercado y el **Gran Teatre del Liceu** (p. 45) está la **Rambla dels Caputxins,** un tramo muy transitado que orilla la **Plaça Reial** (p. 45). Por la noche en esta zona se respira cierta sordidez. El antiguo convento del s. XVII al que este último tramo debe su nombre ahora es el **Centre d'Art Santa Mònica,** galería de arte gratuita. El bulevar se ensancha y tranquiliza hacia el **Mirador de Colom.**

UNA PAUSA
Comprar algo para comer en el Mercat de la Boqueria o adentrarse en el Raval para probar la cocina catalana en Elisabets o tomar un café en el jardín del Decameron.

★ IMPRESCINDIBLE

Mercat de la Boqueria

El **Mercat de la Boqueria,** cuya entrada modernista de hierro y vitrales está abierta a los paseantes hambrientos, es el mercado más antiguo y emblemático de Barcelona. Aquí ha habido puestos de mercado desde 1217, pero la versión actual se construyó entre 1840 y 1914 en el lugar que ocupaba el monasterio de Sant Josep.

PLANO: P. 32 **B4**

CONSEJO
Visitar La Boqueria pronto por la mañana porque hay menos gente. Los sábados, asistir a las sesiones de *show-cooking* con chefs locales en el mercado.

Escanea este código QR para ver un plano con los puestos, el horario y demás.

Historia del Mercat de la Boqueria

El edificio de 1840 que puede verse hoy es obra del arquitecto Josep Mas i Vila –después que el monasterio de Sant Josep fuera destruido por un incendio a principios del s. xix– y fue el primer mercado municipal de Barcelona. El característico tejado de metal y el portal de vitrales los añadió Antoni de Falguera 70 años más tarde.

Un festín de productos frescos

A La Boqueria acuden los barceloneses y los restauradores que buscan ingredientes difíciles de encontrar, pero ahora se dirige principalmente al turismo. Sin embargo, si se llega temprano y se prescinde de los puestos más turísticos, aún se puede captar su esencia. Se puede curiosear en los puestos con frutas y verduras apiladas, embutidos, especias, pescado y marisco y quesos de toda España y hasta comprar productos típicos catalanes para un pícnic, como el fuet (embutido estrecho y largo) y queso de cabra de los Pirineos.

Bares de mercado

Alrededor del mercado hay bodeguitas donde pedir una botella de vino o cava y sentarse a comer unas

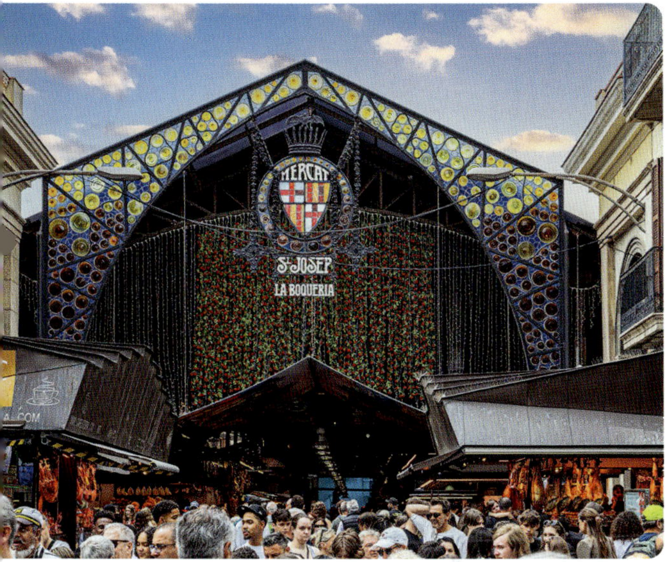

FLORIN CNEJEVICI/SHUTTERSTOCK ©

tapas. Lo tradicional sería comer en la barra de un bar del mercado, como el **Bar Quiosc Modern,** que lleva la tercera generación de hosteleros de la misma familia y prepara pescado y marisco frescos y platos típicos catalanes. O dejarse un hueco para platos estelares del mercado como los chipirones con huevo frito de El Quim, un lugar famoso donde vale la pena esperar. Cualquier cosa que salga de los fogones del **Kiosko Universal** también está rico.

Si el viajero ya ha estado antes en Barcelona, quizá note la ausencia de Joan "Juanito" Bayen, leyenda de La Boqueria y antiguo propietario del bar Pinotxo, que murió en el 2023. Desde entonces, parte de la familia de Bayen ha reabierto el **Pinotxo** (p. 164) en el **Mercat de Sant Antoni** (p. 164).

UNA PAUSA

Hay que comer en los concurridos bares de La Boqueria, pero para algo dulce, mejor ir al **Rocambolesc** para un helado artesanal o a la pastelería centenaria **Escribà** en La Rambla.

Catedral de Barcelona

Las ornamentadas torres de la **catedral de Barcelona** despuntan sobre las tupidas calles del casco antiguo. Una fachada neogótica preside la espaciosa Plaça Nova; por su parte, el interior se libró de la quema de los incendiarios de la Guerra Civil y así pudo conservar su cripta sagrada y su encantador claustro.

PLANO: P. 32 **E2**

CONSEJO

La entrada es gratis pero no incluye toda la catedral. En la plaza de enfrente se bailan sardanas los sábados a las 18.00 y los domingos a las 11.15, de primavera a otoño.

Escanea este código QR para precios de las entradas y horarios.

Fachada y tejado

Aunque la fachada de la catedral parece sacada de un cuento de hadas, no es tan medieval como parece. A finales del s. XIX y principios del s. XX, se planeó la 'medievalización' del Barri Gòtic con arquitectura neogótica para la Exposición Internacional de 1929. Los arcos concéntricos enmarcan las grandes puertas de madera de la fachada de 1887 y tres altos chapiteles sobresalen por encima de los edificios próximos. Hay que dar la vuelta a la catedral por fuera para entender el sencillo aspecto que tenía al principio, o subir en ascensor a la azotea para contemplar el horizonte urbano.

Interior y cripta

En el interior hay una nave central que dos hileras de espigados pilares separan de las dos naves laterales, iluminadas por lámparas de araña. Unas puertas correderas de cristal señalan la entrada al coro. Para acceder a esta zona hay que pagar un suplemento o comprar la entrada entera (durante las misas está cerrada). Antes de entrar, contemplar los intrincados relieves que explican la historia de santa Eulàlia, una de las dos patronas de Barcelona; era una niña de clase noble de 13 años del s. IV que fue sometida a 13 torturas por denunciar la persecución que sufrían los cristianos durante el Imperio romano. Los respaldos de la sillería de

SEAN XU/SHUTTERSTOCK ©

madera del s. XIV del coro están tallados con los escudos de armas de la Orden del Toisón de Oro. Se puede bajar a la cripta de Santa Eulàlia, donde un sarcófago de mármol esculpido explica la trayectoria de la santa desde el martirio a la canonización y la búsqueda del lugar donde inicialmente fue enterrada.

Claustro

A la derecha del altar hay una puerta románica que conduce al claustro gótico, donde viven 13 ocas blancas, cuyo número corresponde a la edad de santa Eulàlia cuando murió. Cuidar de ellas es una tradición que se conserva desde la Edad Media. Anexa está la románica **Capella de Santa Llúcia,** a la que se accede tanto desde el claustro como desde la calle.

UNA PAUSA
A 5 min a pie están el **Bar Mono,** donde disfrutar de unas tapas deliciosas, o el modernista **Els Quatre Gats,** donde tomarse un café y picar algo.

CIRCUITO A PIE

La Barcino romana

Aunque hoy se conozca como Barri Gòtic, las raíces del centro de la ciudad son claramente romanas. Se pueden descubrir los vestigios de la Barcino romana en este circuito a pie por encima y por debajo de la superficie, donde se verán desde murallas escondidas a templos en ruinas.

INICIO	FINAL	DURACIÓN
Plaça del Vuit de Març	Plaça del Rei	1,5 km; 45 min

1 Arcos romanos

Se empieza en la **Plaça del Vuit de Març,** con los arcos de los acueductos romanos incrustados en las paredes. Hay que enfilar por el estrecho Carrer dels Capellans rumbo sur y pasar por el emblemático mural **'El mundo nace en cada beso',** hasta la Plaça de la Seu.

2 Pla de la Seu

Delante de la catedral, al lado de la **torre romana,** se verá el resto del acueducto, pero es una reconstrucción. Se continúa por el Carrer del Bisbe hasta el Carrer de Santa Llúcia.

3 Archivo Histórico de la Ciudad

La **Casa de l'Ardiaca,** del s. XVI, es un museo gratuito que exhibe partes de la muralla original romana. El edificio alberga el archivo histórico de la ciudad desde la década de 1920 y fue renovado por Lluís Domènech i Montaner en 1902. Se continúa hacia el sureste por el Carrer del Bisbe.

4 Un templo escondido

Hay que girar a la izquierda (noreste) por detrás de la catedral y después a la derecha (sur) por el Carrer del Paradís hasta el **Temple d'August,** del s. I a.C., donde quedan cuatro columnas del templo original dedicado al emperador en la antigua Barcino. Fue redescubierto a finales del s. XIX.

5 Sorpresas en patios interiores

Se cruza la Plaça de Sant Jaume y se sigue por el Carrer de la Ciutat (más adelante Carrer del Regomir) hasta un largo callejón que conduce al **Centre Cívic Pati Llimona,** con más ruinas de la muralla romana.

6 Puerta del mar

Un poco más adelante del Carrer del Regomir está la **Porta de Mar,** puerta romana encarada al mar. El yacimiento arqueológico solo abre los sábados, pero hay un patio con una gran cristalera con vistas a las ruinas en el Carrer del Correu Vell.

7 Murallas antiguas

Se va hacia el norte por el Carrer del Correu Vell y después al noroeste por el Carrer del Sots-Tinent Navarro hasta el final de la **muralla romana.** Al lado de la Via Laietana, este es uno de los tramos de muralla mejor conservados, con partes del foso original.

8 Plaza del Rei

Hay que seguir por el Carrer del Sots-Tinent Navarro, la Plaça de Ramon Berenguer el Gran hasta la Plaça de Sant Iu (o atajar por el Archivo de la Corona de Aragón), y después hacia el sureste por el Carrer dels Comtes, para luego torcer a la izquierda y después a la derecha hasta la **Plaça del Rei** y el **Museu d'Història de Barcelona.**

EXPERIENCIAS

Pasear por el
Carrer del Bisbe   CALLE

PLANO: ❶ P. 33 E2

Al lado de la catedral, el **Carrer del Bisbe** es la calle más fotogénica del Barri Gòtic, que comunica la Plaça Nova con la Plaça de Sant Jaume. De empezar desde el norte, al final de la cuesta, se estará entre la **Casa de l'Ardiaca** y el Palau Episcopal (cerrado al público) del que toma su nombre la calle. La Casa de l'Ardiaca alberga una terraza, ruinas romanas y exposiciones temporales.

Más adelante está el emblemático **Pont del Bisbe** (PLANO: ❷ P. 33 E3), un romántico puente que comunica la residencia oficial del presidente de Cataluña con el **Palau de la Generalitat** (p. 42). Construido por el arquitecto modernista Joan Rubió i Bellver (alumno de Gaudí) en 1928 para la Exposición Internacional de Barcelona, el puente formaba parte de un plan más ambicioso (que al final se descartó) de recuperar el estilo medieval del barrio.

Cruzar la Plaça
de Sant Jaume   PLAZA

La **Plaça de Sant Jaume** (PLANO: ❸ P. 33 F3), es el centro de la vida municipal barcelonesa. Hace 2000 años, aquí estaba el foro romano de Barcino –restos del cual se pueden ver en el **Temple d'August** (p. 41)–. Sin embargo, hoy, dos de los edificios más importantes de Barcelona

se hallan uno a cada lado de esta soleada plaza: el **Palau de la Generalitat** (PLANO: ❹ P. 33 F3), la sede del Gobierno catalán, y el **Ajuntament** (PLANO: ❺ P. 33 F4). Los dos edificios tienen más de 500 años, pero el palacio añadió su fachada renacentista en el s. XVI, y el ayuntamiento actualizó en estilo neoclásico su fachada gótica en el s. XIX. Se puede reservar una visita guiada con tiempo, visitar el Ajuntament los domingos por la mañana (10.00-13.00) o consultar los "días de puertas abiertas". Durante las **Festes de Santa Eulàlia** (febrero; *barcelona.cat/santa eulalia*) y las **Festes de la Mercè** (septiembre; *barcelona.cat/merce*), la plaza se convierte en un punto de convergencia.

Descender bajo tierra
en el Museu d'Història
de Barcelona   MUSEO Y RUINAS

Bajar las escaleras del **Museu d'Història de Barcelona** (PLANO: ❻ P. 33 F2), en la **Plaça del Rei** (PLANO: ❼ P. 33 F2), es dejar atrás Barcelona y adentrarse en Barcino. Está alojado en el antiguo palacio real y abarca 4 km² de ruinas romanas y visigodas. Hay que seguir un camino que recorre lavaderos, tintorerías, cisternas donde se conservaba el pescado, unos baños públicos, y una fábrica que producía garo, una especie de pasta romana de pescado. Se deja atrás la antigua Roma para pasar a la

Barcelona visigoda donde están el Palau Episcopal y los cimientos de la primera catedral gótica, pero el elemento estelar es el baptisterio (piscina de inmersión).

El recorrido termina en el **Saló del Tinell** (PLANO: **8** P. 33 **F2**), un salón del trono del s. XIV donde, al parecer, los Reyes Católicos, Isabel y Fernando, recibieron a Cristóbal Colón a su regreso de las Américas. La pequeña **Capella Reial de Santa Àgata** (PLANO: **9** P. 33 **F2**), del s. XIV, es un ejemplo excelente de gótico catalán.

Admirar el Museu Frederic Marès

MUSEO

PLANO: **11** P. 33 **F2**

El **Museu Frederic Marès,** cuyo nombre se debe al acaudalado escultor catalán Frederic Marès i Deulovol, refleja la gran pasión de este hombre por el coleccionismo. Las plantas inferiores están dedicadas al arte medieval y cristiano, con salas llenas de madonas y crucifijos enormes. Se recomienda visitarlo con audioguía para tener más contexto. También se pasará por la colección de pórticos de Marès, transportados desde iglesias de toda España. La 2ª planta se concentra en la obra del propio escultor, que tuvo una brillante carrera; también aquí están su biblioteca y su estudio. La 3ª planta atesora una colección delirante de objetos de los ss. XIX y XX (abanicos, pipas, armas), y la 4ª planta apuesta exclusivamente por las diversiones y los juegos.

FESTES DE LA MERCÈ

Las Festes de la Mercè *(barcelona. cat/merce)*, que se celebran en torno al 24 de septiembre, son la mayor celebración del año en Barcelona. Las fiestas, en honor a una de las patronas de la ciudad, duran cuatro días con conciertos, bailes y pasacalles, y suelen coincidir con la **Mostra de Vins i Caves de Catalunya.** Casi todo el jaleo se concentra en el Barri Gòtic, sobre todo en la **basílica de la Mercè** (p. 46), la **Plaça de Sant Jaume** (p. 42), la Via Laietana, **La Rambla** (p. 34) y la catedral, pero La Mercè se celebra en toda la ciudad. Las maravillas culturales abarcan desde *castells* (torres humanas) y *gegants* (gigantes de cartón piedra) a *correfocs* (espectáculo de calle con pirotecnia).

Perderse por El Call
ANTIGUA JUDERÍA

El Call (judería) es una de las partes más antiguas del *Barri Gòtic,* donde vivía la comunidad judía de Barcelona, confinada en El Call Major y El Call Menor. Aunque la comunidad religiosa estuviera segregada del resto de la ciudad, los judíos catalanes participaban activamente en la política local y la vida urbana. En 1391, las crecientes tensiones y prejuicios antisemitas desembocaron en una masacre

TIENDAS TRADICIONALES

Las tiendas tradicionales especializadas de Barcelona están por toda la ciudad y son una parte de su esencia como lo son las obras modernistas de Gaudí. Pero en los últimos años, algunas han tenido que cerrar (por la subida de los alquileres y la llegada de las grandes cadenas), una situación que llevó al Ayuntamiento a conceder un estatus de protección especial a 228 establecimientos en el 2015. Desgraciadamente, desde entonces, algunas se han visto obligadas a bajar la persiana o a trasladarse fuera del centro. Se debe apoyar a estas queridas instituciones locales, como la **Casa Gispert** (PLANO: **10** P. 33 **F2**), fundada en 1851 en el Born, la pastelería modernista **Escribà** (p. 47), en La Rambla, o la alpargatería **La Manual Alpargatera** (p. 49), en el Barri Gòtic.

en el barrio y la mayoría de los supervivientes huyó de Barcelona. Más información sobre la historia judía de la ciudad en el **MUHBA El Call** (PLANO: **12** P. 33 **E3**), alojado en la casa de un tejedor del s. XIV. Al doblar la esquina, la **Sinagoga Major** (PLANO: **13** P. 33 **E3**) es, al parecer, una de las sinagogas más antiguas de Europa; aunque el edificio se utilizó como almacén hasta la

década de 1990, sus cimientos son de los ss. III y IV.

Encontrar paz en la basílica de Santa Maria del Pi
BASÍLICA

PLANO: **14** P. 32 **C4**

Un magnífico rosetón del s. XX es la antesala de otra iglesia emblemática del Barri Gòtic, la **basílica de Santa Maria del Pi,** del s. XIV, conocida por su gótico catalán de líneas clásicas. Se construyó entre 1319 y 1391 en el lugar que ocupaba una iglesia románica del s. X. Después de visitar el interior, cuyo sencillo diseño, bañado de luz, contrasta con el oro de las capillas laterales, se puede subir al campanario para disfrutar de las vistas. Junto a la basílica hay dos bonitas plazas, donde en días concretos se instalan un mercado de alimentos artesanales y puestos de artistas (p. 49). El único pino de la Plaça del Pi (plaza del Pino) remite a una leyenda local asociada a la basílica que cuenta que un marinero encontró aquí la imagen de la Virgen en un pino.

Descansar en una plaza histórica
PLAZA

Al doblar la esquina desde el Carrer del Bisbe, la **Plaça de Sant Felip Neri** (PLANO: **15** P. 32 **D3**) es una de las plazas más encantadoras del Barri Gòtic. La imagen de niños de su escuela jugando aquí contrasta con la funesta y trágica historia de la plaza, aún palpable en la fachada de la **Església de Sant**

Felip Neri (PLANO: **16** P. 32 **D3**). El 30 de enero de 1938, la aviación italiana fascista bombardeó la iglesia barroca, matando a 42 personas, niños en su mayoría. Fue uno de los peores bombardeos que sufrió Barcelona durante la Guerra Civil y los impactos de la metralla en su fachada se conservan como recuerdo.

Pasear por la Plaça Reial
PLAZA
PLANO: **17** P. 32 **D6**

La **Plaça Reial**, que ejerce de portal entre las estrechas callejas del Barri Gòtic y La Rambla, es mucho más grande y simétrica que otras plazas del barrio. Está rodeada por las antiguas mansiones de acaudaladas familias barcelonesas –antes de que se trasladaran a L'Eixample–. Construida en el s. XIX, tras el derribo de un viejo convento de los capuchinos, esta plaza ha tenido muchas vidas. Atención especial merecen las dos farolas diseñadas por un joven Antoni Gaudí. Durante las fiestas mayores la plaza es un hervidero.

Seguir la música
MÚSICA EN DIRECTO

La joya de la corona de La Rambla, el **Gran Teatre del Liceu** (PLANO: **18** P. 32 **C5**) lleva entreteniendo al respetable desde 1847, y hasta 1989 fue el mayor teatro de ópera de Europa. Conviene fijarse en la fachada restaurada y las vallas caladas de la entrada configuradas a partir de la fusión de letras de acero creadas por el escultor catalán

LOS MEJORES CIRCUITOS A PIE

Fantasmas de Barcelona
¿Qué esconden las calles de la ciudad de Barcelona cuando cae la noche? Esta visita guiada desvela historias espeluznantes, leyendas centenarias, apariciones y encantamientos.

Barcelona Walking Tour Gòtic
Numerosos detalles de la historia de Barcelona, desde la época romana a la medieval, se descubren en esta ruta por el Barri Gòtic que se ofrece en castellano, catalán, inglés y francés.

Gastronomía y vinos en Barcelona
Visita guiada a pie por el Barri Gòtic que explica la historia gastronómica de la ciudad y permite probar tapas y vinos en diferentes locales del barrio.

La sombra del viento
Este circuito literario recorre las localizaciones del libro que llevó a la fama a Carlos Ruiz Zafón, parte del cual se desarrolla en el Barri Gòtic.

Consultar estas y otras propuestas en *barcelonaturisme. com/wv3/es/page/4105/rutas -guiadas-a-pie.html*

Jaume Plensa. El interior conserva su estilo neobarroco, pero también fue restaurado tras el devastador incendio de 1994. Como las visitas guiadas solo son para grupos, lo mejor para ver su interior es asistir a un espectáculo.

Un poco más abajo de la ópera pero en la otra acera de La Rambla está la **Plaça Reial** (p. 45), con una gran oferta de música en directo, desde flamenco en **Tarantos** (PLANO: ⓳ P. 32 **D6**), *jazz* y *blues* en **Jamboree** (PLANO: ⓴ P. 32 **D6**) y *rock* en el **Club Sauvage** (PLANO: ㉑ P. 32 **D5**) o **Karma** (PLANO: ㉒ P. 33 **E6**), a un poco de todo en **Ocaña** (PLANO: ㉓ P. 33 **E6**). El **Harlem Jazz Club** (PLANO: ㉔ P. 33 **G5**), uno de los clubes de música moderna más antiguos de la ciudad, queda un poco más al interior del Barri Gòtic.

Descubrir una constelación de iglesias   IGLESIA

El Barri Gòtic esconde una red de iglesias más pequeñas y menos visitadas que la catedral. Es fácil pasar por alto algunas de ellas, como la **Església de Santa Anna** (PLANO: ㉕ P. 32 **B1**), uno de los pocos ejemplos de arquitectura románica catalana que quedan en Barcelona. Muchas iglesias góticas fueron reemplazadas por edificios más nuevos como la **Basílica de la Mercè** (PLANO: ㉖ P. 33 **H6**), una iglesia barroca con un interior rococó del s. XVIII; honra a la otra santa patrona de Barcelona, la Verge de la Mercè. Para disfrutar de un nuevo mirador con vistas privilegiadas,

hay que subir a los campanarios de la **Basílica dels Sants Màrtirs Just i Pastor** (PLANO: ㉗ P. 32 **G3**), obra del gótico catalán de 1342; Antoni Gaudí fue detenido en la entrada por negarse a hablar en español a unos guardias civiles durante la dictadura de Miguel Primo de Rivera. O entrar a alguna iglesia más pequeña que hay cerca, como la **Capella de Sant Cristòfol** (PLANO: ㉘ P. 33 **G4**), o la **Església de Sant Jaume** (PLANO: ㉙ P. 33 **E5**).

Contemplar el acueducto romano   RUINAS ROMANAS

Hay más vestigios del antiguo acueducto romano en la **Plaça del Vuit de Març** (PLANO: ㉚ P. 32 **D1**), al norte del muy fotografiado mural **'El mundo nace en cada beso'** (PLANO: ㉛ P. 32 **D1**). Durante la construcción de la plaza en el s. XX, se descubrieron cuatro de los arcos originales del acueducto que transportaba agua desde el río Besòs hasta las puertas de Barcino. Aquí uno puede imaginarse cruzando la plaza para conectar hasta las murallas de la ciudad. El mural fue creado por el fotógrafo barcelonés Joan Fontcuberta en el 2014, para la 300ª Diada Nacional de Cataluña. A primera vista parecen dos personas besándose, pero en realidad es un mosaico con miles de fotografías cuyo tema gira en torno a la idea de la libertad.

Lo mejor para...

Localizaciones en el plano de la **p. 32**

EXPLORA

LA RAMBLA Y EL BARRI GÒTIC

Ⓔ Económico ⒺⒺ Medio ⒺⒺⒺ Alto

Comer

Tapas y cocina creativa

Bar Mono ⒺⒺ

32 D3

Taberna gastronómica con todas las tapas típicas, más platos vegetarianos. *11.00-24.00 lu-vi, hasta 1.00 sa-do*

Bistrot Levante ⒺⒺ

33 E3

Restaurante informal con una terraza espaciosa que ofrece exquisiteces de Oriente Medio. *Horario variable*

La Vinateria del Call ⒺⒺ

34 E3

Bar de vinos con paredes de ladrillo visto, ideal para una noche de tapas y catas de vinos, embutidos y quesos. *Horario variable*

Le Bistro Sensi ⒺⒺ

35 G4

Empezar una noche en el Gòtic con unos platillos de tapas en este local molón y sofisticado. *18.15-1.00*

Restaurantes elegantes

A Restaurant ⒺⒺⒺ

36 D3

Transforma la Plaça de Sant Felip Neri en el comedor más bonito del Barri Gòtic: las mesas al fresco van muy buscadas. *7.30-24.00*

Capet ⒺⒺ

37 G4

Carta tradicional catalana con giros contemporáneos e influencias venezolanas del jefe de cocina. *13.00-15.30 y 20.00-23.00 ma-sa*

Contraban ⒺⒺⒺ

38 H5

Escondido en el Wittmore Hotel, tiene una carta creativa inspirada en las emociones. *13.00-14.30 y 19.00-23.30*

Koy Shunka ⒺⒺⒺ

39 D1

Elogiado restaurante japonés en pleno Barri Gòtic: el no va más de la cocina asiática. *Desde 13.00 mi-do y 20.00 mi-sa*

Dulces

Caelum ⒺⒺ

40 D3

Café esquinero especializado en repostería hecha por monjas de toda España, con vistosos escaparates. *12.00-20.00 lu-vi, desde 11.30 sa y do*

Gelato Collection ⒺⒺ

41 A1

El famoso chef Albert Adrià crea los sabores de esta heladería en el norte de La Rambla. *14.00-22.00*

Escribà ⒺⒺ

42 B4

Traspasar esta entrada modernista en La Rambla para conocer una pastelería centenaria que lleva la cuarta generación de la misma familia. *9.00-21.00 lu-sa, hasta 20.30 do*

Rocambolesc Ⓔ

43 C6

Esta tienda de La Rambla ofrece los galardonados helados artesanos de los famosos hermanos Roca. *Horario variable*

Establecimientos para un 'brunch'

Benedict Ⓔ

44 H4

La deliciosa carta del principal lugar de *brunch* del barrio va desde los huevos hechos de muchas maneras a los

panqueques. *9.30-16.00
lu-vi, 9.00-17.00 sa y do*

Milk Bar & Bistro 🖶🖶
 45 H5

Se ha dado mucho
bombo y con razón a este
restaurante atrevido; fue
uno de los primeros de
brunch en Barcelona y
se llena por sus platos
de temporada. *Horario
variable*

Cecconi's 🖶🖶🖶
46 G6

Disfrutar de un elegante
brunch dominical en este
sofisticado restaurante
italiano y, de paso,
conocer el Soho House,
solo para socios. *Horario
variable*

Cocinas con historia y catalanas

Ca l'Agut 🖶🖶
47 H5

Acogedor restaurante
con una larga historia
de buen servicio y cocina
catalana tradicional.
Horario variable

Can Culleretes 🖶🖶
48 D5

El restaurante más
antiguo de Barcelona
(1786) sigue triunfando
por sus grandes raciones
y su cocina tradicional.
Horario variable

Els Quatre Gats 🖶🖶
49 C1

Bar modernista muy
querido por Picasso y

Gaudí; se puede comer en
el restaurante o picar algo
en el café. *Horario variable*

Beber

Bares de vinos

Zona d'Ombra
50 E3

La bodega emblemática
del barrio, con toda
suerte de vinos y licores
españoles. *13.00-23.00*

Zim
51 G3

Un minúsculo 'zulo' de
barrio con una carta de
vinos muy locales para
conocer el *terroir* catalán.
18.00-23.00

La Alcoba Azul
52 E3

Visitarlo por sus fantásticas tapas, pero quedarse
por su carta con vinos
cosecheros locales poco
conocidos. *12.00-1.00*

Bar del Pi
53 C3

Pedir un vermut genuino
y unas patatas bravas
con vistas a la basílica en
este clásico bar catalán.
Horario variable

Hora del cóctel

Boadas Cocktails
54 A1

La coctelería más antigua
de Barcelona encandila

con su diseño *art déco*,
sus camareros con
esmoquin y sus daiquiris.
17.00-1.30

L'Ascensor
55 G4

Debe su nombre a la
cabina de ascensor
modernista que hace de
puerta de entrada y man-
tiene la misma temática
en el interior con *gimlets*
y *old-fashioneds. Horario
variable*

Cafés acogedores

Salterio
56 E4

Esta cavernosa tetería
sirve infusiones de hojas
sueltas, café turco y
platos mediterráneos.
*12.00-24.00 do-ju, hasta
1.00 vi-sa*

Right Side Coffee Bar
57 D3

El café insignia de un
tostadero local se espe-
cializa en cafés exprés
elaborados por expertos;
en la carta se describe
cada sabor. *9.00-17.00
lu-vi, 10.00-18.00 sa-do*

Čaj Chai
58 E3

Una inmensa selección
de tés y de pastelitos
asiáticos para acom-
pañar. También ofrecen
talleres y baños de gong.
Horario variable

Coto Coffee + Colmado
59 G3
Seguir las señales de *"good coffee, this way"* hasta este lugar de referencia que vende artesanías locales y recuerdos comestibles. *Horario variable*

Si apetece bailar
Macarena Club
60 F6
Una pequeña pista de baile con un ambiente animado por los *sets* de *house* y *electro* de DJ cada noche. *Desde 24.00*

El Bombó Salsa
61 H6
Bar de música latina donde practicar los pasos de salsa cuando suben el volumen. *20.00-2.30 do-ju, hasta 3.00 vi-sa*

Marula Café
62 F6
Clásico disco-club con nostálgicos temas *funk* y *disco*. *Horario variable*

Comprar
Mercados efímeros
Fira del Col·lectiu d'Artesans d'Alimentació
63 C4
Feria de alimentos artesanos que se monta el primer y tercer viernes de cada mes en la Plaça del Pi y dura una semana.

Mostra d'Art Pintors del Pi
64 D4
Los artistas venden sus pinturas originales cada fin de semana en la Plaça de Sant Josep Oriol.

Artículos para el hogar y recuerdos
Home on Earth
65 D4
Vende piezas artesanales del sureste asiático o hechas en Barcelona, un imán para los amantes de la decoración del hogar. *10.00-21.00*

Sabater Hnos
66 D3
Azahar y aceite de oliva son algunos de los ingredientes de los jabones veganos que se venden en una antigua fábrica textil. *10.30-20.30 lu-sa, 12.00-18.00 do*

Raima
67 B1
Un paraíso para los amantes de la palabra escrita y las artes visuales, ¡con bar en la azotea! *10.00-21.00 lu-sa*

Moda y complementos
Le Swing
68 G4
Colecciones de alta costura *vintage,* sobre todo a partir de la década de 1920 en adelante, de Chanel a Givenchy. *Horario variable*

L'Arca
69 D3
Boutique vintage que vende desde chales a sedas y kimonos, todo cuidadosamente seleccionado. *Horario variable*

Roberto y Victoria
70 G4
Discreta *boutique-atelier* que vende joyas de vanguardia diseñadas en Barcelona y piezas *vintage* revividas. *11.30-14.00 y 16.30-20.00 lu-sa*

Tiendas tradicionales y de alimentación
La Manual Alpargatera
71 E4
Fundada en la década de 1940, es famosa por sus *espardenyes* (alpargatas) elaboradas con técnicas tradicionales. *10.00-14.00 y 16.00-20.00*

Casa Carot
72 G3
Productos catalanes de productores pequeños y responsables (miel, quesos, vinos naturales) en un antiguo obrador de mantequilla del s. xx. *Horario variable*

Sugerencias
de lugares para
comer, beber
y comprar en
p. 61

Explora
El Raval

El multicultural barrio del Raval tiene sus orígenes en el s. x, con el monasterio de Sant Pau del Camp. Durante la revuelta anticlerical de 1835, se quemaron muchos edificios religiosos y, con la Revolución industrial, el Raval se convirtió en un lugar densamente poblado conocido como "Barrio Chino", por sus similitudes con los barrios chinos, pobres en su mayoría, de EE UU. En las décadas de 1990 y del 2000 se inauguraron varios espacios culturales grandes, como el MACBA, que inyectaron nueva vida al barrio. Aunque aún conserve algunas zonas sórdidas, también está lleno de bares molones, tiendas *vintage,* restaurantes fabulosos y uno de los mejores parques urbanos de *skate* de Europa.

Cómo desplazarse

 A pie
La mejor manera de descubrir el compacto y plano barrio del Raval es a pie.

Ⓜ Metro
Las estaciones de metro están en los márgenes del barrio, como Liceu, Drassanes, Sant Antoni, Catalunya y Universitat.

Ⓞ Orientación
Hay calles importantes que cruzan el Raval desde La Rambla (en el lado este) hasta la Ronda de Sant Antoni y la Ronda de Sant Pau (en su lado oeste). El Carrer de Joaquín Costa es el epicentro del ocio nocturno. El MACBA y el CCCB se agrupan en el extremo norte del Raval, y el Palau Güell está más al sur.

LO MEJOR

ARQUITECTURA MODERNISTA
Palau Güell (p. 53)

PARA NOCHES LARGAS
Bares históricos (p. 59)

DE COMPRAS 'VINTAGE'
Holala! Tallers (p. 63)

ESCENA ARTÍSTICA
MACBA (p. 55)

ARQUITECTURA GÓTICA
Antic Hospital de la Santa Creu (p. 58)

Antic Hospital de la Santa Creu (p. 58).

Más información

Imprescindible	p. 53
Experiencias	p. 58
Comer	p. 61
Beber	p. 62
Comprar	p. 63

0 ————— 200 m

Plaça de la Universitat

Ronda de la Universitat

Universitat

C de Pelai

C de Bergara

Catalunya

Catalunya

La Rambla

C dels Tallers

Plaça de Vicenç Martorell

Centre de Cultura Contemporània de Barcelona

C de Valldonzella

C de Montalegre

MACBA

Plaça dels Àngels

C d'Elisabets

C dels Àngels

C dels Ramelleres

C del Bonsuccés

C d'en Xuclà

C del Pintor Fortuny

C de la Portaferrissa

C del Pi

Casa Almirall

C del Lleó

C de Joaquín Costa

C del Doctor Dou

C del Carme

Institut d'Estudis Catalans

Reial Acadèmia de Medicina de Catalunya

Antic Hospital de la Santa Creu

Biblioteca de Catalunya

Reial Acadèmia de Farmàcia

Liceu

La Rambla

C de la Riera Alta

C del Carme

Jardins de Rubió i Lluch

La Capella

C de la Riera Alta

Plaça del Pedró

C de Sant Antoni Abat

C de l'Hospital

EL RAVAL

C d'en Robador

C de la Junta de Comerç

C de Sant Pau

C de la Riereta

Rambla del Raval

Plaça de Salvador Seguí

La Monroe

C de Marquès de Barberà

Palau Güell

C de la Lluna

C de la Cera

C de l'Aurora

C de Sant Pacià

C de les Carretes

C de la Reina Amàlia

Filmoteca de Catalunya

Bar Marsella

London Bar

C de l'Est

Ronda de Sant Pau

Plaça de Josep Maria Folch i Torres

C de les Flors

C de Sant Pau

C de Sant Oleguer

C Nou de la Rambla

C de Sant Ramon

Av de les Drassanes

C d'Atlàntida

Església de Sant Pau del Camp

C de les Tàpies

C de l'Om

C d'en Robador

Av del Paral·lel

Paral·lel

C Nou de la Rambla

Av del Paral·lel

Jardins de les Tres Xemeneies

C d'Aloc del Teatre

⭐ **IMPRESCINDIBLE**

Palau Güell

En el extremo sur del Raval aguarda una de las principales atracciones del barrio: la casa palaciega que Antoni Gaudí diseñó para su mecenas, Eusebi Güell, construida entre 1885 y 1890 y declarada Patrimonio de la Humanidad por la Unesco. Muchos consideran el **Palau Güell** como el primer edificio *art nouveau* del mundo.

Estilo de Gaudí

PLANO: P. 52 **D4**

El Palau Güell fue el primer encargo que Gaudí recibió del magnate de la industria Eusebi Güell, a quien conoció en la Feria Universal de París en 1878. La opulenta mansión está llena de mármol elegante, influencias islámicas, techos artesonados de madera exquisitamente tallados y vidrieras que proyectan motivos y formas en los suelos. Aquí fue donde Gaudí experimentó por primera vez con los arcos parabólicos.

Vestíbulo y establos

No hace falta subir enseguida a los pisos superiores para ver las dependencias principales de la casa –el vestíbulo y los establos son, en realidad, de las más interesantes–. Antes de admirar los intrincados detalles de las puertas de hierro forjado o la escalera hecha con piedra ojo de serpiente, traída desde los Pirineos, conviene fijarse en los ingeniosos adoquines hechos en madera para amortiguar el ruido de los cascos de los caballos. Gaudí pensó en todo, y eso es más que evidente en los fabulosos establos del sótano al que se baja por una rampa en espiral, con capiteles fungiformes y techos abovedados.

   Durante la visita, la excelente audioguía (incluida en la entrada) acompaña con bonitas melodías,

CONSEJO

Visitarlo entre semana porque hay menos gente, sobre todo a la hora de comer. La entrada es gratis el primer domingo del mes, pero hay que reservar antes.

Escanea este código QR para comprar entradas y conocer horarios y precios.

SAIKO3P/SHUTTERSTOCK ©

UNA PAUSA
Muy cerca se
pueden probar
buenas tapas
en el **Cañete,** o
pedir una *pizza*
al horno de leña
en el moderno
**Frankie Gallo
Cha Cha Cha.**

compuestas por músicos famosos que fueron tuto-
res de los hijos de Güell o por la hija mayor, Isabel.

Salón central y vestíbulo

El corazón del Palau Güell es el luminoso gran salón,
coronado por una cúpula parabólica de 17 m de altura y usado como capilla, sala de conciertos y lugar
para entretener a los invitados. Con suerte hasta se
podría escuchar a alguien tocando el órgano. Tras
visitar los dormitorios de la familia y los cuartos de
la servidumbre del último piso, el recorrido termina
en la sensacional azotea: un espacio singular, uno
de los más estrambóticos del palacio, sembrado con
fantásticas chimeneas revestidas por los característicos mosaicos de alegres colores de Gaudí. Además,
ofrece unas vistas fabulosas de Barcelona, desde la
Torre Glòries a la Anella Olímpica de Montjuïc.

⭐ **IMPRESCINDIBLE**

MACBA

El **Museu d'Art Contemporani de Barcelona (MACBA),** al norte del Raval, es el principal centro de arte contemporáneo de la ciudad. El edificio angular, diseñado por el estadounidense Richard Meier, crea el escenario vanguardista que corresponde a unas exposiciones avanzadas a su tiempo y a piezas impactantes de artistas como Chillida, Tàpies o Barceló.

PLANO: P. 52 **A2**

Central del monopatín

Lo primero que se ve al acercarse al MACBA son los muchos *skaters* que pasan zumbando y haciendo piruetas en escaleras y rampas delante de la Plaça dels Àngels donde se encuentra el museo. Es uno de los grandes epicentros de *skateboard* de Europa y los *skaters* están a todas horas.

Diseño y colección

El museo en sí es un asombroso edificio blanco con una galería abierta de cristal creado por el arquitecto Richard Meier e inaugurado en 1995. La colección permanente consta de 5700 piezas, sobre todo de la segunda mitad del s. xx hasta hoy, que rotan a lo largo del año. Hay obras de cada década a partir de 1920: *collages,* dibujos, fotografías, esculturas e incluso grafitis. Se hace hincapié en los artistas españoles y catalanes con obras de Antoni Tàpies, Joan Brossa, Miquel Barceló y Eduardo Chillida, entre otros. También están representados artistas internacionales como Paul Klee, Bruce Nauman, Alexander Calder, John Cage, Mercedes Álvarez, Jean-Michel Basquiat y Eleanor Antin. Las exposiciones temporales también son interesantes, desde las más intrigantes y fascinantes a las más estrambóticas.

CONSEJO
En la plaza de delante del museo hay varias obras, como el mural *Todos juntos podemos parar el SIDA* de Keith Haring, o *La Ola* de Jorge Oteiza, una enorme escultura de bronce que representa una ola.

Escanea este código QR para saber horarios, próximas exposiciones y demás.

Rincones escondidos del Raval

Aunque puede costar captar la onda del Raval, hay curiosidades esperando casi en cada esquina. Se puede conocer la esencia multicultural del barrio y su historia larga y singular en esta ruta poco convencional que pasa por su mitad norte y además se adentra en la inquieta escena de arte urbano de la zona.

INICIO	FINAL	DURACIÓN
"Plaça del Guaje"	El Jardinet dels Gats	1,5 km; 30 min

1 Pinceladas de arte

Se empieza en la confluencia de la Plaça de Vicenç Martorell y el Carrer de les Ramelleres, donde está la **'Plaça del Guaje,'** nombre popular que homenajea a Alfredo Juárez, quien fue propietario del bar Los Baskos en Ramelleres; y el enorme mural de tonos morados de Conse Andechaga, en homenaje al artista senegalés Makha Diop, que estudió y vivió en Barcelona.

2 Historia compleja

Se va al sur por el Carrer de les Ramelleres hasta ver el "torn dels orfes" (torno de los huérfanos), un pequeño agujero circular en la pared de un edificio que en su día fue la **Casa de la Misericordia.** En este hueco la gente desfavorecida dejaba a sus bebés, de forma anónima, en un lugar seguro.

3 Refugio verde

Hay que seguir por esta calle y girar a la derecha (suroeste) por el Carrer d'Elisabets. A pocos pasos, toca torcer a la derecha por un pasaje abovedado hasta el **Jardí dels Tarongers,** un patio con naranjos. Se sale por el otro lado al Carrer de Montalegre.

4 Arte de Keith Haring

Se cruzan los edificios del Centre de Cultura Contemporània de Barcelona (CCCB) para llegar a la Plaça de Joan Coromines. En la esquina sur está el famoso mural **'Todos juntos podemos parar el SIDA'** que Keith Haring pintó en 1989. Enseguida se reconocerán las típicas figuritas de Haring, de un rojo intenso sobre un fondo de hormigón.

5 Centro de ocio nocturno

Hay que pasar por el lado oeste del MACBA y salir al **Carrer Joaquín Costa,** una de las calles más animadas del Raval, flanqueada por tiendas y bares curiosos. Luego se va al sureste hasta el Carrer del Carme y se gira a la izquierda.

6 Fuente novecentista

A pocos pasos está la **Font del Carme,** una fuente emblemática de la década de 1930 que el arquitecto Josep Goday i Casals creó en distintivo estilo novecentista; quedó muy dañada durante la Guerra Civil y por obras de construcción más recientes, que obligaron a retirarla, pero a principios de la década de 2000 se repuso.

7 Refugio felino

Se sigue rumbo noreste hasta los Jardins del Doctor Fleming y se gira a la derecha por el Carrer de les Floristes de la Rambla. El circuito termina en la Plaça del Canonge Colom, donde uno puede asomarse a **El Jardinet dels Gats,** un refugio sin ánimo de lucro para gatos callejeros.

EXPERIENCIAS

Explorar un punto de referencia gótico ARQUITECTURA

Fundado en 1401, el **Antic Hospital de la Santa Creu** (PLANO: ❶ P. 52 **C3**) fue el hospital general de Barcelona hasta 1926 y es uno de los mejores ejemplos de arquitectura gótica civil catalana. Casi todo lo que se ve es del s. XVI. En su época dorada medieval, era uno de los mejores hospitales de Europa. Aquí murió Gaudí el 10 de junio de 1926, tras ser atropellado por un tranvía.

Hay varios edificios diferentes, de los que algunos solo abren para visitas guiadas de Sternalia. El **Institut d'Estudis Catalans** (PLANO: ❷ P. 52 **B3**) está en la **Casa de Convalescència** del s. XVII; solo se puede visitar el elegante patio interior y el vestíbulo azulejado. Delante está la neoclásica **Reial Acadèmia de Medicina de Catalunya** (PLANO: ❸ P. 52 **B3**, solo visitas guiadas), del s. XVIII. Los **Jardins de Rubió i Lluch** (PLANO: ❹ P. 52 **C3**), que a modo de claustro ocupan el corazón del complejo, están custodiados por la **Biblioteca de Catalunya** (PLANO: ❺ P. 52 **B3**), la **Reial Acadèmia de Farmàcia** (PLANO: ❻ P. 52 **C3**, solo visitas guiadas) y **La Capella** (PLANO: ❼ P. 52 **C3**, *lu cerrado*), una iglesia del s. XV convertida en galería.

'Ramblear' por la Rambla del Raval CIRCUITO A PIE

PLANO: ❽ P. 52 **B4**

El Raval también tiene su propia rambla: un gran bulevar peatonal bordeado de palmeras que va del Carrer de Sant Pau al Carrer de l'Hospital. El urbanista catalán del s. XIX Ildefons Cerdà (que diseñó L'Eixample) propuso la apertura del Raval y la creación de más espacios verdes, pero la Rambla del Raval no se creó hasta 1995. Hoy, es una de las calles más bonitas del barrio y un lugar de encuentro vecinal. En el 2008, la inauguración del vanguardista hotel Barceló Raval (con un fabuloso bar de azotea) trajo más vida a la zona, y ahora la rambla está bordeada con cafés y restaurantes indios, turcos, marroquíes, mexicanos e italianos. A mitad de la rambla está *El Gato* de Fernando Botero, una escultura de un gato rechoncho de bronce de 7 m de largo y 2 m de alto.

Descubrir una galería al aire libre CIRCUITO A PIE

En toda Barcelona hay grafitis y arte urbano, pero el Raval es uno de sus epicentros. **Artspace Tours** (*artspacetours.com*), que apoya la cultura y arte local, organiza circuitos entre bastidores para conocer a los artistas locales y sus historias. Se callejeará por el Raval y el Barri Gòtic para descubrir una cara desconocida de Barcelona y visitar los murales de artistas conocidos y un estudio *underground* que suele estar cerrado al público.

Asistir a un espectáculo cultural CENTROS DE CULTURA

El **Centre de Cultura Contemporània de Barcelona** (CCCB, PLANO:

P. 52 **A2**) programa excelentes exposiciones. Está alojado en el que, en el s. XIII, fue el convento de monjas de Montalegre, y en el s. XVI, un seminario conciliar jesuita. Después se instalaron aquí un cuartel militar y un correccional. En 1802 se convirtió en la Casa de la Caritat para personas sin hogar, y al final, pasó a ser un centro cultural. Ha acogido exposiciones sobre inteligencia artificial, el cerebro, los videojuegos y el director Stanley Kubrick. También hay noches de cine, competiciones de poesía, charlas y talleres. El Pati de les Dones, al que se accede por un pasaje abovedado, está decorado con elegantes frescos y azulejos.

A 10 min a pie al sur, la **Filmoteca de Catalunya** (PLANO: ⑩ P. 52 **C4**), archivo nacional de cine de Cataluña, fue trasladada al Raval en el 2012 para reanimar la oferta cultural del barrio. Ofrece cine clásico y películas más recientes y tiene exposiciones y un bar maravilloso, **La Monroe** (PLANO: ⑪ P. 52 **C4**).

Emprender un recorrido diferente
CIRCUITOS A PIE

Hidden City Tours (*hiddencity tours.com*) lleva más de 10 años organizando circuitos por el Raval y el Barri Gòtic que ofrecen una visión singular a zonas de Barcelona que los turistas no ven. Los circuitos están guiados por personas sin hogar o que habían vivido en la calle, que comparten sus historias en un recorrido por las callejas del Raval para que se conozcan algu-

SEGURIDAD EN EL RAVAL

El Raval tiene fama de ser uno de los barrios más inseguros de Barcelona; sin ser del todo cierto, sí que hay que mostrarse cauteloso y vigilar los objetos personales. El barrio está integrado en la ruta turística con varios lugares de interés importantes, pero tiene problemas con delitos menores, drogas y las personas sin hogar. Desgraciadamente, los carteristas son el pan de cada día, pero los robos con violencia son aislados. Con su plétora de bares y restaurantes excelentes, no es una zona para evitar por la noche, pero sí hay que mantenerse alerta y evitar las calles poco iluminadas.

nos problemas sociales que afectan a la actual Barcelona –y los proyectos para ayudarlos–. Los ingresos ayudan a crear empleo para las personas sin hogar.

Ruta por bares con historia
VIDA NOCTURNA

El Raval ya vuelve a ser un lugar de moda para salir de noche, como en los ss. XIX y XX. Personajes como Antoni Gaudí, Salvador Dalí, Pablo Picasso y Ernest Hemingway frecuentaban sus bares históricos, algunos aún en funcionamiento. Casi toda la vida nocturna del Raval se concentra en el Carrer de Joaquín Costa. Aquí está **Casa Almirall** (PLANO: ⑫ P. 52 **A3**), un estable-

MIS ARTISTAS URBANOS FAVORITOS

Katrina Affleck, fundadora de Artspace Tours, *@artspace_tours*

Mali Mowcka Argentina de nacimiento, Mali salpica la ciudad con expresivo arte *paste* (técnica de pegado de carteles o impresiones en papel). Sus obras, a menudo representaciones abstractas de figuras femeninas, han viajado por todo el mundo.

Bronik Mujeres de tonos esmeralda acechan en las sombras de los portales de Barcelona, una alusión caprichosa a las raíces peruanas de la artista.

Me Lata Dinámica parejita catalana que ejercen de activistas urbanos, difundiendo mensajes optimistas.

Teo Vázquez En colaboración con la Fundació Arrels, Teo alegra las calles con retratos de personas que han vivido en la calle.

El Xupet Negre Pionero del arte urbano de Barcelona desde la década de 1980, con más de 150000 chupetes negros repartidos por toda la ciudad.

cimiento modernista de 1860, con su mostrador original de mármol

y su mampara de madera labrada, donde lo suyo es pedir *l'oliveta,* un vermut tradicional, y absenta. No hay salida nocturna que se precie por el Raval sin pasar por el famoso especialista en absentas **Bar Marsella** (PLANO: 13 P. 52 **C5**), uno de los primeros bares de la ciudad (de 1820), que ha servido tragos a todo el mundo, de Gaudí a Hemingway. **London Bar** (PLANO: 14 P. 52 **D5**) es otro de los grandes bares históricos de Barcelona, de 1910; por aquí pasaron Picasso, Dalí y los artistas del Circ Raluy.

Descubrir la iglesia más antigua de Barcelona IGLESIA

PLANO: 15 P. 52 **B6**

En los márgenes suroeste del Raval, la pequeña **Església de Sant Pau del Camp,** de estilo románico, es una de las iglesias más antiguas de Barcelona. Fue el primer edificio que se construyó en el Raval y formaba parte de un monasterio benedictino del que solo queda el balsámico claustro, muy bien conservado. Hay que buscar las imágenes esculpidas en sus capiteles, incluidas las plantas decorativas y la escena de Adán y Eva de pie junto al árbol de la fruta prohibida, acechados por una serpiente. La iglesia también alberga la tumba de Guifré II de Barcelona, un conde de Barcelona que murió en el año 911, e hijo del legendario Guifré el Pilós (Wifredo el Velloso), una figura destacada en la historia de Cataluña.

Lo mejor para...

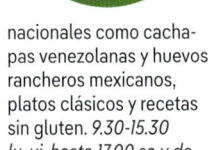
Ⓔ Económico **ⒺⒺ** Medio **ⒺⒺⒺ** Alto

Comer

Bares de tapas

Casette Bar ⒺⒺ
16 D5

Bar de tema ochentero con platos y tapas creativos, desde hamburguesas de pollo *satay* a sándwiches de pan tostado y berenjenas fritas al estilo japonés. *Horario variable*

Restaurant Cèntric Ⓔ
17 B1

Animado bar abierto en 1941, con buñuelos de bacalao, calamares a la andaluza y pimientos de Padrón, entre otros clásicos. *12.00-24.00*

Elisabets Ⓔ
18 B2

Restaurante tradicional de cocina catalana con tapas asequibles y bocadillos, y un excelente menú del día. *12.30-17.30*

Cañete ⒺⒺ
19 D4

Bar sofisticado con tapas y platillos como pulpo picante, rabo de toro esto-

fado y anchoas carnosas. *13.00-24.00 lu-sa*

Para un 'brunch'

Caravelle ⒺⒺ
20 B3

Fue uno de los primeros en servir *brunches,* ahora tan de moda. Su estilo es muy de Melbourne. ¿Qué tal una tostada de masa madre con revuelto de tofu y unos panqueques de ricota? *9.30-17.00 lu-vi, desde 10.00 sa y do*

Gringa ⒺⒺ
21 A5

Los desayunos americanos todo el día y el *hip-hop* noventero combinan en este local especializado en sándwiches de pollo frito. *7.30-23.00 mi-ju, 13.00-16.00 y 19.30-24.00 vi-do*

Morning Glory ⒺⒺ
22 B5

Café de *brunch* que sirve desde tostada con aguacate y huevos Benedict a boles de *açaí*. *9.00-16.00 lu-vi, desde 10.00 sa y do*

Trópico ⒺⒺ
23 C5

Moderno local lleno de plantas, con platos inter-

nacionales como cachapas venezolanas y huevos rancheros mexicanos, platos clásicos y recetas sin gluten. *9.30-15.30 lu-vi, hasta 17.00 sa y do*

Vegana y vegetariana

Flax & Kale ⒺⒺ
24 A1

Restaurante elegante con una terraza ajardinada. Ideal para *flexiterianos,* con muchos platos de pescado y algunas opciones veganas. *9.00-16.00 y 19.00-23.00*

Veggie Garden Ⓔ
25 B3

Colorido restaurante vegetariano con un menú del día con excelente relación calidad-precio. Destaca el *thali* indio. *12.30-23.30*

Sésamo Ⓔ
26 A4

Fue uno de los primeros vegetarianos de la ciudad; destacan la coliflor asada con *tahini* y los ñoquis con pesto vegano. *19.00-24.00 ju-lu*

Dosa Nova
27 B2

Dosas del sur de la India, veganas y sin gluten, rellenas de remolachas al curri, coliflor y coco, etc. *Horario variable*

Restaurantes divertidos

Arume
28 A4

Restaurante gallego de platos tradicionales con un toque moderno. El arroz cremoso de pato con setas y pimientos de Padrón está de muerte. *Horario variable*

El Pachuco
29 B5

Diminuta taquería mexicana con muchas opciones veganas y vegetarianas y cócteles de mezcal. *13.00-2.00*

Frankie Gallo Cha Cha Cha
30 D5

Animado establecimiento italiano de estilo industrial que sirve auténticas *pizzas* al horno de leña y pasta casera; se vale de ingredientes artesanales españoles e italianos. *Horario variable*

Majide
31 B1

Restaurante japonés de categoría donde el *sushi* se hace al momento y a la vista. Excelente menú

degustación. *13.30-15.30 y 20.30-23.30*

Beber

Cócteles en el Carrer de Joaquín Costa

Negroni
32 A2

Bar moderno de luces tenues que no trabaja a partir de una carta sino que sugiere a partir de los gustos del cliente. *19.00-2.30 do-ju, hasta 3.00 vi y sa*

33 | 45
33 B3

Lugar de elegancia industrial que sirve mojitos y cócteles de tequila, con DJ y exposiciones de arte. *16.00-2.30 do-ju, hasta 3.00 vi y sa*

Two Schmucks
34 A2

Galardonada coctelería con un ambiente informal pero elegante. Hay que probar la ginebra especiada con *garam-masala*. *18.00-2.00 lu-sa, 18.30-24.00 do*

Cultura cafetera

Decameron
35 B2

Café escondido en un patio al que se accede por la Llibreria La Central. Cafés y repostería divinos

en un oasis balsámico. *10.00-21.00*

Dalston Coffee
36 B2

Minúsculo garito (solo para llevar) inspirado en la escena de café del este de Londres, en una bocacalle de la Plaça de Vicenç Martorell. *8.00-19.00 lu-vi, 9.30-18.00 sa y do*

ÖSS Kaffe Barcelona
37 A3

Elegantes tostaderos de café bonaerenses, ahora con un local en Barcelona. *8.30-19.00 lu-vi, hasta 18.00 sa, 11.00-18.00 do*

Departure Coffee Co
38 A2

Café de especialidad en un entorno industrial chic con tentempiés como *cheesecake* de maracuyá, tostadas con aguacate y galletas caseras. *9.00-19.00 lu-vi, desde 10.00 sa*

Otras coctelerías favoritas

La Confitería
39 B6

Cócteles creativos en un fabuloso bar que transporta a otra época, sito en una antigua confitería. *Horario variable*

Dead End Paradise
40 A2

Bar hedonista, que abrió primero en Beirut. Con luz de neón rosa y "piel de leopardo", estuvo dos años entre los 100 mejores bares del mundo. *19.00-3.00 ju-vi, 14.00-3.00 sa, 14.00-1.00 do*

Doña Rosa
 41 A3

Deliciosos cócteles en un interior selvático o en la terraza próxima al MACBA. También sirve creativas tapas internacionales. *12.00-1.00*

La Monroe
véase **11** C4

El animado café-bar de la Filmoteca de Catalunya (p. 59) sirve cócteles fantásticos, vermuts de la casa, un menú del día con buena relación calidad-precio y tapas exquisitas. *Horario variable*

Para los cerveceros

L'Ovella Negra
 42 C2

Taberna de larga trayectoria con un ambiente cervecero de los de antes y tapas ligeras. *17.00-2.30 lu-ju y do, hasta 3.00 vi y sa*

Ølgod Brewpub
 43 B4

Ambiente *grunge* en la mejor cervecera del Raval con 15 cervezas artesanas de barril que se pueden acompañar con una crujiente polenta italiana.

16.30-2.00 lu-vi, 13.00-3.00 sa y do

Comprar
'Boutiques vintage'

Holala! Tallers
44 B1

La pionera de la moda *vintage* en Barcelona abrió hace 20 años; vende desde chándales impermeables de la década de 1990 a vaqueros Levi's y viejas camisetas de béisbol. *Horario variable*

Flamingos Vintage Kilo
45 B1

Curiosear trapitos en una *boutique* texana donde los precios van por peso; hay varias tiendas en Barcelona. *11.00-21.00 lu-sa*

Lullaby Vintage
46 B4

La mejor opción en el Carrer de la Riera Baixa, lleno de tiendas *vintage*, con ropa organizada por décadas y vitrinas repletas de complementos como gafas de sol y bolsos. *Horario variable*

La Principal
47 B2

Camisetas con el logo estampado, vaqueros de marca y demás lindezas

---

vintage, pero también piezas de diseño propio. *12.00-15.00 y 16.00-20.00 lu-sa*

Artesanías y diseño

Grey Street
 48 B1

Paraíso de artesanías selectas, la mayoría de artesanos instalados en Barcelona: cerámicas pintadas a mano, cartas del tarot, grabados creativos. *11.00-15.00 y 16.00-20.30 lu-sa, 16.00-20.30 do*

Miscelánea
49 B2

Los coloridos grabados diseñados por artistas locales emergentes son el reclamo de esta galería luminosa y atrevida. *11.00-20.30 lu-sa, hasta 18.00 do*

Les Topettes
50 A3

Perfumes, jabones, velas y demás maravillas de marcas españolas pero también internacionales como Diptyque. *11.00-14.00 y 16.00-20.00 lu-sa*

Mercados

Fleadonia
 51 C4

El primer domingo de mes, la Plaça de Salvador Seguí se convierte en un mercadillo que vende desde prendas de moda de otra época a trastos viejos. *8.00-18.00*

Sugerencias de lugares para comer, beber y comprar en **p. 82**

Explora
La Ribera y el Born

Con su arquitectura medieval y sus galerías, bares y restaurantes, es fácil sucumbir a los encantos de la Ribera, barrio que se extiende hacia el noreste desde el Barri Gòtic, y que creció a partir del s. x para convertirse en el epicentro comercial y artesanal de la Barcelona medieval –una herencia que continúa hoy en día con *boutiques* independientes y estudios creativos–. El nombre oficial del barrio es Sant Pere, Santa Caterina i la Ribera, pero la gente se refiere a él como Sant Pere (extremo norte), Santa Caterina (alrededores del mercado) y el Born (extremo sur). Casi todo el jaleo se concentra en el Born, la maraña de callejas que rodean la basílica de Santa Maria del Mar del s. xiv. Aunque la masificación turística preocupa mucho, este barrio antiguo aún tiene mucha alma.

Cómo desplazarse

 A pie

Es la mejor manera de disfrutar del ambiente del barrio. Casi toda la Ribera queda cerca de la Barceloneta, el Barri Gòtic o L'Eixample (según el extremo por el que se empiece).

 Metro

La L4 tiene paradas cerca: Urquinaona, Jaume I y Barceloneta, y la L1, Urquinaona y Arc de Triomf.

En bicicleta

Hay muchos circuitos que cruzan el Parc de la Ciutadella, pero también se puede ir por libre y alquilar bicis en establecimientos del barrio como Bike Tours Barcelona.

Palau de la Música Catalana (p. 76).
IKUMARU/SHUTTERSTOCK ©

LO MEJOR

GALERÍA DE ARTE
Museu Picasso (p. 68)

DE TAPEO
Bar del Pla (p. 82),
Bar Pimentel (p. 82)

MERCADO DE BARRIO
Mercat de Santa Caterina
(p. 76)

ARQUITECTURA
Basílica de Santa Maria
del Mar (p. 72), Palau de la
Música Catalana (p. 76)

REFUGIO VERDE
Parc de la Ciutadella (p. 77)

A **B** **C** **D**

Ronda de Sant Pere

C del Bruc

C de Trafalgar

C de Mendez Núñez

C de Lluís el Piadós

44

75

47

55

1

Sant Pere
de les Puel·les

15 Plaça de
Sant Pere

C del Rec Comtal

C d'en Cortines

Passatge
de Sert

Róuri

19 **16**

18

Ici et Là

66

22

Bar
Andorra

C de Sant Pere més Alt

17

73

Casa
Lolea

C d'en Mònec

C de les Basses
de Sant Pere

C d'en Portal Nou

C de Trafalgar

Passage
Flowers

21

20

Passatge
de les
Manufactures

2

C d'Ortigosa

C dels Metges

C dels Mestres

51

63

Plaça de Sant
Agustí Vell

32

Palau de la
Música
Catalana

3

C de Sant Pere més Alt

C de Mare de Déu del Pilar

C de Sant Pere Mitjà

Plaça del
Pou de la
Figuera

54

3

71

60

C Palau de
la Música

C de Verdaguer i Callís

C de Sant Pere més Baix

LA RIBERA

C de Jaume Giralt

59

La Femme Bistro

27

Via Laietana

C del Dr. Joaquín Pou

C dels Mercaders

C d'en Giralt i Pellisser

83

C del Fonollar

C dels Càrders

76

4

Mercat
de Santa
Caterina

1

2

Bar
Joan

41

13

Capella d'en
Marcús

C de Colomines

C de les Freixures

79

40

C de
Montcada

58

Av. de Francesc Cambó

Plaça
d'Antoni
Maura

C dels Mercaders

Via Laietana

69

**BARRI
GÒTIC**

Av. de la Catedral

48

80

78

5

Plaça de Ramon
Berenguer
el Gran

C de la Bòria

C de la Princesa

C Vigatans

77

81

25

Dr Stravinsky

Más información

Imprescindible 🟠 p. 68
Experiencias 🟡 p. 76
Comer 🟢 p. 82
Beber 🔵 p. 84
Comprar 🟣 p. 84

Plaça de
l'Àngel

Jaume I Ⓜ

C de l'Argenteria

C del Sots-Tinent Navarro

6

N ⊕ 0 _____ 200 m

A **B** **C** **D**

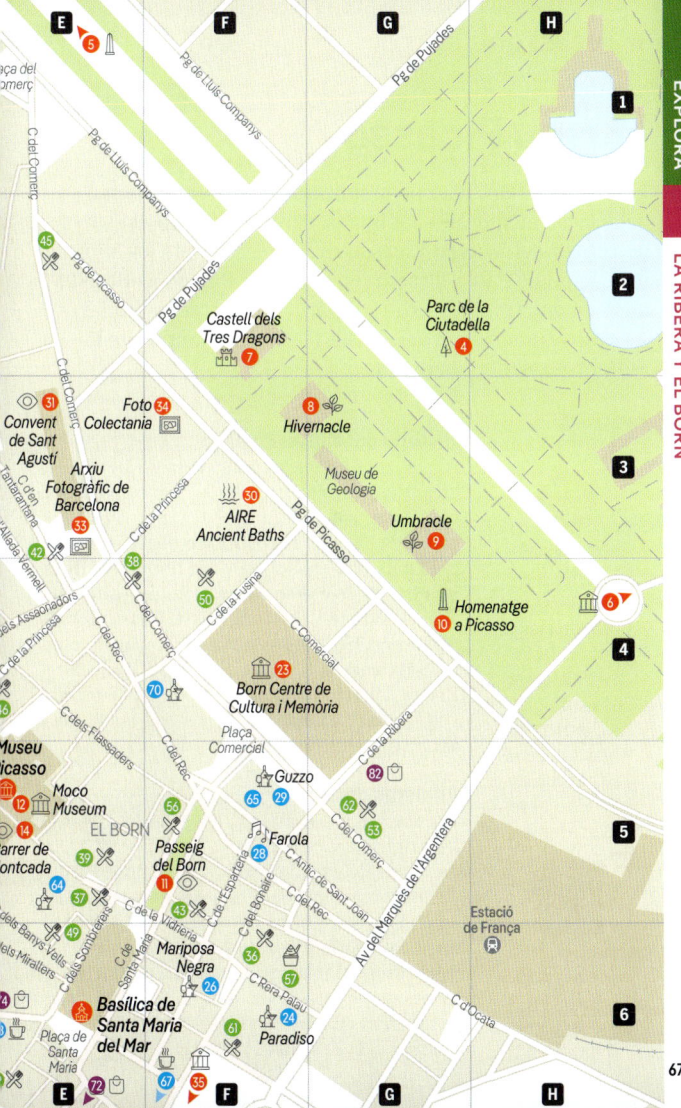

E ▸ 5

F

G

H

Pg de Pujades

1

Pg de Lluís Companys

Pg de Lluís Companys

2

Parc de la
Ciutadella

Pg de Pujades

Pg de Picasso

45

Castell dels
Tres Dragons 7

4

3

C del Comerç

31
Convent
de Sant
Agustí

Foto
Colectania 34

8
Hivernacle

Arxiu
Fotogràfic de
Barcelona 33

C de la Princesa

30
AIRE
Ancient Baths

Museu de
Geologia

Pg de Picasso

Umbracle 9

C de Tantarantana

42

38

C de la Princesa

C del Comerç

C del Rec

50

C de la Fusina

C Comercial

Homenatge
a Picasso 10

6

4

dels Assaonadors

70

Born Centre de
Cultura i Memòria 23

Plaça
Comercial

C de la Ribera

Museu
Picasso

12

Moco
Museum

56

Guzzo 23

82

5

14
Carrer de
Montcada

39

65 29

62

53

EL BORN

Passeig
del Born 11

Farola

C del Comerç

64

37

28

C de l'Esparteria

C Antic de Sant Joan

C del Rec

Av del Marquès de l'Argentera

Estació
de França

C dels Flassaders

C del Rec

C dels Sombrerers

49

43

Mariposa
Negra 26

C de la Vidrieria

C de Santa Maria

C de les Caputxes

36

C Rera Palau

6

4

dels Banys Vells

dels Mirallers

Basílica de
Santa Maria
del Mar

61

Paradiso 24

C d'Ocata

Plaça de
Santa
Maria

72

67

35

E

F

G

H

★ **IMPRESCINDIBLE**

Museu Picasso

Lo primero a destacar es su ubicación: cinco mansiones palaciegas medievales contiguas. Pero lo que impresiona de verdad del **Museu Picasso** es su colección de los años de formación de Pablo Picasso (que vivió en Barcelona de 1895 a 1904), que revela el extraordinario talento, versatilidad y virtuosismo técnico del artista malagueño a una edad asombrosamente temprana.

PLANO: P. 66 **E5**

CONSEJOS
Comprar la entrada en línea y así evitar (algo) de la cola. Se puede alquilar una audioguía que explica las obras estelares. La entrada es gratis los jueves por la tarde.

Escanea este código QR para consultar horarios, entradas, exposiciones y visitas guiadas.

Historia del Museu Picasso

Al parecer fue Picasso quien planteó la idea de crear un museo en Barcelona, pero como la oposición del artista al régimen de Franco era de sobra conocida, no se creyó oportuno poner su nombre a un museo. Y en 1963 se abrió uno con el discreto nombre de Colección Sabartés gracias a su amigo Jaume Sabartés; el actual Museu Picasso tomó forma en 1983. El artista realizó la mayor donación en 1970, unas 900 piezas. Su esposa Jacqueline Roque también donó una colección de cerámicas y la famosa *La mujer de la cofia* tras la muerte del artista.

Primeras obras

Las dos primeras salas exhiben óleos y dibujos de los primeros años de Picasso en Málaga y A Coruña. Nadie debería dejar de ver el famoso *Retrato de la tía Pepa,* una obra maestra que Picasso pintó en Málaga en 1896 cuando solo tenía 15 años. Del mismo modo, varios autorretratos y retratos de sus padres del mismo año muestran el virtuosismo técnico del joven artista. Aquí también hay maravillosos óleos de Barcelona, por ejemplo de la Barceloneta y el Parc de la Ciutadella.

GIULIO BENZIN/SHUTTERSTOCK ©

La sala 3 atesora una de las piezas estelares del museo, la enorme *Ciencia y caridad,* de 1897. Su dominio técnico parece casi imposible para un joven de 15 años; Picasso utilizó a su padre José Ruiz Blasco como modelo y contrató a una mendiga para que hiciera de enferma. La pintura recibió una Mención Honorífica en la Exposición General de Bellas Artes de Madrid de 1897. En la misma sala hay una colección de paisajes de la época de Picasso en Horta de Sant Joan en 1898 y principios de 1899.

Vanguardia artística catalana y el período azul

En la sala 4 y posteriores, se descubrirá cómo Picasso se unió a la vanguardia artística catalana, cuyo centro ideológico era la cervecería **Els Quatre Gats** (p. 48) en el Barri Gòtic (para la que diseñó la imagen de las cartas). Picasso realizó

UNA PAUSA
Ir al norte por el Carrer de Montcada hasta **Bar del Pla** para tapas ligeramente creativas y vinos naturales, o sentarse en la terraza del **Tantarantana.**

MARCO HISTÓRICO

El museo ocupa cinco mansiones, pero la colección permanente ocupa el Palau Aguilar, el Palau del Baró de Castellet y el Palau Meca, casi todos del s. XIV.

aquí su primera exposición individual en 1900. En esta época inició sus característicos paisajes desde una ventana, y empezó a profundizar en la figura humana, a menudo utilizando a su hermana Lola como modelo. *Lola, hermana del artista, en el estudio de la Riera de Sant Joan* es un ejemplo excelente de 1900 (sala 4). La colorida pieza parisina de 1901 *La espera (Margot)* (sala 7), está influenciada por Vincent van Gogh.

A continuación viene el período azul, incluida *La mujer de la cofia* de 1901 (sala 8), que muestra a una reclusa de la prisión de mujeres de Saint-Lazare y anuncia el interés del autor por retratar a personas marginadas. También típico del período azul son los fríos tonos azules nocturnos de *Azoteas de Barcelona* de 1902.

SALVADOR MANIQUIZ/SHUTTERSTOCK ©

Período rosa y cubismo temprano

El período rosa ya se intuye en la pintura de 1905 de la modelo italiana Benedetta Bianco, también llamada *Retrato de la Señora Canals* (sala 9), que bebe del retratismo español clásico. Las piezas cubistas más famosas de Picasso están repartidas por todo el mundo, pero hay algunas en las salas 9 y 10, como *Passeig de Colom* que, pintado desde un balcón del Hotel Ranzini en 1917, es una de las últimas obras de Picasso que representan claramente la ciudad de Barcelona.

'Las Meninas'

De 1954 a 1962, Picasso se embarcó en la misión de 'redescubrir' a los grandes artistas españoles, en particular a Diego Velázquez. En las salas 12, 13 y 14 pueden verse las imponentes interpretaciones que Picasso hizo en 1957 de la obra maestra *Las Meninas* de Velázquez de 1656. Toda la serie se expone en un espacio precioso enmarcado por arcos de piedra, que presume de los experimentos que hizo Picasso con la luz, el color, el espacio y los personajes en busca de su personal *Las Meninas* en su estudio Villa La Californie en Cannes. Es como si Picasso hubiera mirado el cuadro de Velázquez a través de un prisma que reflejara todos los estilos que había trabajado hasta entonces.

Palomas y cerámicas

La sala 15 exhibe una colección de nueve óleos de palomas vistas desde la ventana de su estudio en Cannes, con el azul Mediterráneo al fondo. Las pintó durante una semana de descanso de *Las Meninas*.

En las salas B1, B2 y N se verán grabados y cerámicas que el artista hizo durante sus últimos años, como platos y cuencos decorados con peces, búhos y demás animales de trazo sencillo.

UN CARÁCTER PROBLEMÁTICO

En los últimos años, el trato tristemente vejatorio que Picasso dispensó a las mujeres de su vida ha acaparado la atención mundial. En la actualidad, el artista es objeto de numerosas críticas tanto por su comportamiento misógino como por la apropiación cultural que rodea a su llamado período negro, que coincide con el famoso *Las señoritas de Avignon*. Actualmente se discute cómo revisar la obra de Picasso en este tóxico contexto.

★ IMPRESCINDIBLE

Basílica de Santa Maria del Mar

La armoniosa **basílica de Santa Maria del Mar** despunta por el extremo suroeste del Passeig del Born. Empezada en 1329 y terminada en solo 54 años, esta es la iglesia de estilo gótico catalán más imponente de Barcelona por sus líneas puras y su balsámica austeridad.

PLANO: P. 66 **E6**

CONSEJO
Varios días a la semana se ofrecen visitas guiadas, donde conocer la historia y curiosidades de la basílica. Algunas visitas incluyen las torres y la azotea.

Escanea este código QR para conocer horarios, reservar plaza en las visitas guiadas y demás.

La iglesia del pueblo

La actual basílica se construyó en el s. XIV donde estaba la iglesia románica de Santa Maria de les Arenes y, anteriormente, y según algunos historiadores, un anfiteatro romano, bajo la dirección de los arquitectos Berenguer de Montagut y Ramon Despuig. Las familias acaudaladas del barrio financiaron la construcción, que compite con el poder religioso de la **catedral** (p. 38) del Barri Gòtic; esta es una iglesia construida por el pueblo y para el pueblo.

Líneas del estilo gótico catalán

Se suele decir que fueron los *bastaixos* (estibadores) quienes trajeron los bloques de piedra desde las canteras reales de Montjuïc. El recuerdo de los estibadores perdura en los relieves de las puertas principales y en tallas de piedra dispersas por la basílica. El interior consta de una nave central, dos naves laterales simétricas, espigadas columnas octogonales y vidrieras, que combinadas crean una sensación de amplitud. A ver quién es capaz de encontrar el escudo del FC Barcelona representado en los vitrales (el club financió parte de la renovación de la basílica en la década de 1960).

Los anarquistas dañaron el templo en 1909 y, de nuevo, en 1936 (cuando quemó durante 11 días),

KAYLHAN BOLUKBASI/ISTOCK ©

pero nunca ha tenido gran carga de ornamentación. Durante años se la ha llamado la Catedral del Mar, y en el 2006 inspiró la exitosa novela homónima de Ildefonso Falcones.

Fossar de les Moreres

En el lado este de la basílica, una llama eterna quema sobre el **Fossar de les Moreres** (cementerio de las Moreras). En lo alto de una estructura metálica roja de 15 m, la llama señala el lugar donde se enterró a los combatientes catalanes tras la derrota de Cataluña en la guerra de Sucesión en 1714. Este lugar ya era un cementerio en el s. XII, pero la plaza actual se creó en la década de 1980. En los últimos años se ha convertido en un punto de encuentro para la Diada Nacional de Catalunya del 11 de septiembre.

UNA PAUSA
En el Born hay buenos restaurantes. Delante de la basílica están **El Chigre 1769** (tapas y vermut) y **La Vinya del Senyor** (vinos y picoteo ligero).

CIRCUITO A PIE

Historia y corazón de la Ribera

Este recorrido, que empieza en el Born, va al norte hasta la zona de Sant Pere, donde se podrán ver callejas, plaza animadas y rincones con historia de la Ribera. Los curiosos nombres de calles y plazas revelan este rico pasado, ya que muchas llevan el nombre de los oficios artesanales que aquí prosperaron.

INICIO	FINAL	DURACIÓN
Basílica de Santa Maria del Mar	Passatge de Sert	1,2 km; 30 min

1 Gótico catalán

El epicentro de la vida del barrio es la imponente **basílica de Santa Maria del Mar,** conocida por su estilo gótico catalán y construida en el s. XIV.

2 Reliquia medieval

Si se va hasta el extremo noreste de la basílica, se llegará al arbolado **Passeig del Born,** un bulevar medieval donde ahora la gente pasea y descansa en los bancos.

3 Palacios y museos

Se enfila 300 m al noroeste por el **Carrer de Montcada,** uno de los centros históricamente pudientes de la ciudad, flanqueado por palacios medievales. El Carrer de Montcada traza la historia de la ciudad a través de su mezcla de arquitectura románica, gótica y barroca. Aquí hay importantes galerías de arte, en un bulevar empedrado donde los talleres prosperaron en su época dorada medieval.

4 Capilla antigua

En la punta norte del Carrer de Montcada, hay que parar para ver la pequeña y románica **Capella d'en Marcús,** una de las iglesias más antiguas de Barcelona; bajo la capilla se esconde una cripta del s. XVII. En su día fue parada de viajeros que salían de la Barcelona medieval.

5 Mercado de diseño

Hay que desviarse una manzana al noroeste para ver el vanguardista **Mercat de Santa Caterina,** obra de Enric Miralles y Benedetta Tagliabue, y seguir hacia el noreste para pasar por las tiendecitas y las animadas terrazas del Carrer dels Carders.

6 La plaza más bonita

A 300 m, se saldrá a la **Plaça de Sant Agustí Vell,** una de las plazas con mayor encanto de la Ribera. La plaza arbolada, cuyo nombre debe a un convento cercano, cuenta con un pequeño bulevar tipo plaza flanqueado por edificios de los ss. XVIII y XIX, con algunos cafés y restaurantes.

7 Las raíces de la Ribera

El Carrer de les Basses de Sant Pere enfila 200 m hacia el norte hasta la **Plaça de Sant Pere,** que es la parte más antigua de la Ribera, con una iglesia cuyos orígenes se remontan al s. X.

8 Pasaje revitalizado

Se camina 150 m por el Carrer de Sant Pere més Alt hasta el tranquilo **Passatge de Sert,** donde terminar el recorrido con un café en el **Nømad Cøffee Lab & Shop.**

EXPERIENCIAS

Comprar algo para picar en el Mercat de Santa Caterina MERCADO

PLANO: ❶ P. 66 **C4**

Diseñado por los arquitectos vanguardistas Enric Miralles y Benedetta Tagliabue para sustituir a su predecesor del s. XIX, y terminado en el 2005, el **Mercat de Santa Caterina** es uno de los mercados más antiguos y deslumbrantes de Barcelona. Aquí hubo un monasterio del s. XI al s. XIX, cuyos vestigios se aprecian en la esquina sureste. El primer mercado se montó en 1846.

Hay que concederse un momento para admirar la fachada neoclásica porticada y el ondulado y caleidoscópico tejado de cerámica, que recuerda el *trencadís* modernista (mosaico hecho de trozos de cerámica, vidrio, etc.). En el interior aguarda un bosque de finas columnas de acero y techos de madera que envuelven paradas de verduras, quesos, pescado y marisco, aceitunas, legumbres cocidas y demás alimentos. En la cocina de mercado del **Bar Joan** (PLANO: ❷ P. 66 **C4**), muy querido en el barrio, uno se puede sentar a la barra con un vermut y probar la cocina típica catalana. **Barcelona Architecture Walks** (*barcelonarchitecturewalks.com*) ofrece visitas guiadas por arquitectos y profesores de arquitectura.

Descubrir el Palau de la Música Catalana ARQUITECTURA MODERNISTA

PLANO: ❸ P. 66 **A3**

Construido entre 1905 y 1908 por el arquitecto modernista Lluís Domènech i Montaner, el Palau de la Música Catalana, de 2146 localidades y en la lista de Patrimonio Mundial de la Unesco, aún funciona como respetada sala de conciertos. Fue diseñado para la sociedad coral Orfeó Català y concebido como templo de la Renaixença (Renacimiento) catalana, para el que se contó con algunos de los mejores artesanos de Cataluña para que trabajaran en sus pilares de mosaico, vitrales y espacios de ladrillo esculpido. El espacio estelar es la espectacular sala de conciertos inundada de luz, que está debajo de una claraboya de 1000 kg y una cúpula invertida hecha con vitrales amarillos y azules. Pero el festival visual empieza incluso antes de cruzar sus puertas, con una fachada generosamente ornamentada que incluye esculturas de Miquel Blay y Eusebi Arnau. En total, hay más de 2000 formas florales que engalanan todo el edificio.

Lo ideal para disfrutar de esta obra maestra es asistir a uno de sus conciertos, que van desde el flamenco a la ópera. También se puede visitar por libre y en visitas guiadas de 50 min.

Relajarse en el Parc de la Ciutadella PARQUE

Bordeando los márgenes orientales del Born, este espacio verde del centro de Barcelona es un edén de palmeras susurrantes, jardines de césped y una fuente monumental del s. XIX diseñada en parte por un joven Gaudí. Hoy la gente va al **Parc de la Ciutadella** (PLANO: ④ P. 67 **G2**) a pasear, correr, entrenar al aire libre o relajarse al sol.

No obstante, el pasado del parque fue más lóbrego: fue aquí donde Felipe V construyó la muy odiada ciudadela (Ciutadella) militar después de la guerra de Sucesión, derribando para ello 1000 hogares. La ciudadela fue demolida a finales de 1869, y la zona fue convertida en un parque por Josep Fontserè para la Exposición Universal de Barcelona de 1888, con el **Arc de Triomf** (PLANO: ⑤ P. 67 **E1**) como apartada puerta principal en estilo mudéjar, obra de Josep Vilaseca.

Dentro del parque hay que ver el edificio que acoge el **Parlament de Catalunya** (PLANO: ⑥ P. 67 **H4**) (solo visitas guiadas con reserva previa); el 'medieval' **Castell dels Tres Dragons** (PLANO: ⑦ P. 67 **F2**), de Domènech i Montaner (en reformas); el **Hivernacle** (PLANO: ⑧ P. 67 **G3**), un luminoso invernadero; el **Umbracle** (PLANO: ⑨ P. 67 **G3**), que alberga jardines de palmeras; y el surrealista **Homenatge a Picasso** (PLANO: ⑩ P. 67 **G4**) de 1983 de Antoni Tàpies.

Dar un paseo por el Passeig del Born
CALLE

PLANO: ⑪ P. 67 **F5**

Acotado en sus extremos por la majestuosa **basílica de Santa Maria del Mar** (p. 72) y el Mercat del Born del s. XIX (hoy el **Born Centre de Cultura i Memòria** (p.

BORN DISTRICTE GASTRONÒMIC

Esta iniciativa *(borndistrictegastro nomic.com)*, impulsada por la Associació Barcelona Born Gourmet en el 2023, tiene como objetivo dar un sentido profundo a este epicentro culinario, poniendo en valor el vínculo entre gastronomía y comunidad para que no se pierda una forma de hacer las cosas pausada pero también apasionada. En el momento de redactar esta guía ya estaba formada por una treintena de miembros, con el Mercat de Santa Caterina y la cofradía de pescadores en representación de las materias primas frescas, y establecimientos tan destacados como Estimar (p. 83), 7 Portes (p. 101), Oaxaca (p. 101), Guzzo (p. 80), Llamber (p. 83), Euskal Etxea (p. 82), La Vinya del Senyor (p. 73), Brunells (p. 83), Paradiso (p. 80), Café el Magnífico (p. 84), Bar Brutal (p. 83), Bodega la Puntual (p. 82), Vila Viniteca (p. 84), Dr. Stravinsky (p. 80) o El Chigre 1769 (p. 73). Durante las fiestas de la Mercè, en septiembre, organizan en el Pla de Palau el **Born Street Food,** un festival gastronómico al aire libre con DJ y algunas de las mejores parrillas, paellas y tapas de la ciudad.

80), el arbolado **Passeig del Born** fue el principal lugar de recreo de Barcelona del s. XIII al s. XVIII. Hoy parece imposible, con todos esos árboles y bares animados, pero este bulevar acogió justas en su día y aún hoy se pueden ver algunos edificios del s. XIV. Más tarde, la Inquisición lo escogió como escenario de ejecuciones. Actualmente bordeado por bares, cafés, tiendas y restaurantes, es uno de los lugares preferidos para salir de noche, pero también para darse una vuelta con calma; a veces hay un mercado de arte y artesanías.

Probar la gastronomía de la Ribera CIRCUITO GASTRONÓMICO

Desde una clásica gilda (anchoas, piparras y aceitunas insertadas en un palillo) a cocina catalana reinterpretada, la Ribera es uno de los destinos para hincarle el diente a la imparable escena gastronómica de Barcelona. Lo ideal sería empezar con un circuito gastronómico guiado. Desde hace tiempo, **Devour Tours** propone rutas gastronómicas por la ciudad, como el paseo vespertino de tapas y vinos de 3 h entre el Born y el Barri Gòtic que empieza con una inmersión en el mundo de los vinos catalanes (también el vermut de barril) para acompañar con una variedad de tapas tradicionales e innovadoras, con opciones vegetarianas y sin gluten. El objetivo es apostar por los negocios independientes y, normalmente, familiares, y pasar un buen rato.

También vale la pena no perderse el muy popular **Born Street**

Food (recuadro en p. 77), un evento gastronómico donde chefs locales y restaurantes montan cocinas al aire libre en el Pla de Palau.

Ponerse creativos en el Moco Museum MUSEO

PLANO: **12** P. 67 **E5**

En sintonía con el momento creativo que vive el Born, el **Moco Museum,** que nació en Ámsterdam, escogió el medieval Carrer de Montcada como estimulante escenario para su segunda sede. Al entrar en el elegante patio del Palau dels Cervelló del s. XVI, se verá una gigantesca criatura de madera inspirada en los pitufos y creada por el artista estadounidense Kaws, que al momento crea un contraste singular entre la arquitectura antigua y las obras avanzadas a su tiempo, contemporáneas, modernas y de arte urbano que se exhiben.

Banksy, Yayoi Kusama, Andy Warhol, Hayden Kays, Yago Hortal, Nick Thomm, Salvador Dalí, Studio Irma y Jean-Michel Basquiat son algunos de los artistas cuyas obras se exponen entre arcos de ladrillo rojo, luz de fluorescente y paredes espejadas. Toda la galería invita a una introducción instantánea en un festival estimulante de colores y técnicas que ensanchan los límites del mundo del arte, desde instalaciones inmersivas a apasionantes lienzos contemporáneos. También hay excelentes exposiciones temporales. Consultar antes la programación y comprar las entradas con antelación, porque los precios varían según el horario. Una audioguía ayuda a moverse por el museo.

Pasear por el Carrer de Montcada   CALLE

El **Carrer de Montcada** (PLANO: **14** P. 67 **E5**), que va de la románica **Capella d'en Marcús** (PLANO: **13** P. 66 **D4**), una de las iglesias más antiguas de la ciudad, al **Passeig del Born** (p. 77), se abrió hacia el mar desde el camino que en el s. XII salía de las murallas de la ciudad hacia el noreste. Se convirtió en la calle más codiciada de Barcelona entre el estamento mercantil, en lo que era el corazón comercial medieval, y debe su nombre a la poderosa familia Montcada. Hoy, esta calle sigue siendo un símbolo de Ciutat Vella y alberga galerías como el **Museu Picasso** (p. 68) y el **Moco Museum** (p. 78). Casi siempre está abarrotada de turistas, pero si se va pronto por la mañana seguramente se podrá contemplar su espléndida arquitectura con relativa tranquilidad. Estas grandes mansiones datan, en su mayoría, de los ss. XIV y XV.

Descubrir el barrio del norte de la Ribera   PASEO POR EL BARRIO

Conocidas localmente como Sant Pere, las antiguas calles del norte de la Ribera parecen menos turísticas que el Born, pero desprenden mucho encanto histórico. En el extremo oriental del Carrer de Sant Pere més Alt, la muy remodelada **Església de Sant Pere de les Puel·les** (PLANO: **15** P. 66 **C1**) preside una plaza plácida y arbolada; formaba parte de un poderoso convento medieval fundado en el año 945 allí donde empezó a poblarse la Ribera.

Un poco más al oeste está el **Passatge de Sert** (PLANO: **16** P. 66 **B1**), un pasaje parcialmente cubierto del s. XIX que otrora fue una fábrica textil de la adinerada familia Sert; ahora alberga el bar de tapas **Casa Lolea** (PLANO: **17** P. 66 **B2**), el café **Nømad** (p. 84) y *boutiques* como **Ici et Là** (PLANO: **18** P. 66 **B2**, interiorismo) y **Róuri** (PLANO: **19** P. 66 **B1**; *slow fashion*). Un poco más al oeste está el **Passatge de les Manufactures** (PLANO: **20** P. 66 **A2**), de 1878, también parte de una fábrica textil y a menudo adornado con ramos de flores ecológicas de **Passage Flowers** (PLANO: **21** P. 66 **A2**). También en la zona, se recomienda el animado **Bar Andorra** (PLANO: **22** P. 66 **C1**), conocido por sus *pintxos* vascos.

Caminar por la historia en el Mercat del Born   RUINAS EN UN MERCADO

PLANO: **23** P. 67 **F4**

El Mercat del Born de 1876, una elegante estructura de hierro y ladrillo del s. XIX del arquitecto catalán Josep Fontserè, era en su día el mercado mayorista más importante de Barcelona, aunque en esta plaza ya se vendía pescado desde la época medieval. Ahora la

LA RIBERA CREATIVA

Miriam Cernuda García es una ceramista local y fundadora de **Working in the Redwoods** (p. 85) *(@workingintheredwoods)*.

La Ribera es un barrio rico en historia y cultura que me inspira y por el que siento verdadera pasión. Perderse por sus callejas es la mejor manera de descubrir los estudios de artistas y diseñadores locales. Es un barrio con una vida trepidante, donde tradición e innovación se funden. De los estudios y tiendas más escondidos que no hay que perderse destacan el **Taller Yuu** de Motoko Araki (con preciosas cerámicas japonesas) y **La Ta Te Store** (para tejidos de autor y curiosidades).

estructura acoge el **Born Centre de Cultura i Memòria** *(lu cerrado)*, un interesante centro cultural e histórico.

Bajo el armazón del mercado se verá lo que queda de las calles que fueron arrasadas para construir la ciudadela militar tras la derrota catalana en la guerra de Sucesión en 1714.

Desenterradas durante las obras de remodelación del 2001,

las ruinas que pueden verse hoy son principalmente de los ss. XVII y XVIII y consisten en 50 de las casas arrasadas, pero también incluyen necrópolis de las épocas romana e islámica. Circuitos guiados de 90 min bajan al yacimiento arqueológico en sí (consultar horarios).

Paladear la escena coctelera del Born VIDA NOCTURNA

Unas cuantas coctelerías excepcionales en el Born han colocado a Barcelona en el mapa global de la mixología. La primera de la lista es el sensual **Paradiso** (PLANO: 24 P. 67 **F6**), considerado el mejor bar del mundo en el 2022 por The World's 50 Best Bars; vale la pena hacer cola para probar creaciones como The Cloud, de mezcal. Cerca y también muy populares están el creativo **Dr Stravinsky** (PLANO: 25 P. 66 **D6**), **Creps al Born** (véase 43 **F5**) de inspiración polinesia, el melancólico **Mariposa Negra** (PLANO: 26 P. 67 **F6**) y la **La Femme Bistro** (PLANO: 27 P. 66 **D3**), de elegancia floral. Los amantes de la música quizá quieran ir a la animada coctelería **Farola** (PLANO: 28 P. 67 **F5**), con DJ que pinchan *house* y demás casi cada noche, y al **Guzzo** (PLANO: 29 P. 67 **F5**), un divertido espacio para cócteles y tapas donde programan desde sesiones de DJ a flamenco en directo (su dueño es DJ). Si apetece salir hasta tarde, se puede ir a los bares del Passeig del Born y aledaños, abiertos hasta las 3.00 o más tarde.

Disfrutar de un 'spa' histórico

SPA

PLANO: **30** P. 67 **F3**

Para recomponerse del ajetreo urbano, lo suyo es refugiarse en un oasis de calma instantánea a la luz de las velas escondido en un almacén restaurado del s. XVIII. En el lujoso **AIRE Ancient Baths,** al lado del Parc de la Ciutadella, aguarda un mundo de piscinas calientes, templadas, frías, un *flotarium* y un baño de vapor aromático bajo arcos de ladrillo rojo. Ofrecen desde un circuito acuático de 90 min (70 €) a varios tratamientos relajantes que incluyen masajes con aceite de erguén, exfoliaciones florales y masajes con piedras calientes.

Ver la arquitectura gótica renacida

ARQUITECTURA, GALERÍA

Mucho se ha perdido del antiguo **Convent de Sant Agustí** (PLANO: **31** P. 67 **E3**), que siglos atrás cedió su nombre a la arbolada y próxima **Plaça de Sant Agustí Vell** (PLANO: **32** P. 66 **D3**), pero el edificio sigue siendo un extraordinario ejemplo de arquitectura gótica en Barcelona.

El convento se construyó entre 1349 y 1506, pero en el s. XVIII se ordenó demoler una parte para construir la ciudadela militar. Aún se distinguen las finas líneas góticas, los arcos ojivales y los capiteles labrados, sobre todo en el claustro, abierto al público.

Hoy el edificio se ha convertido en un centro cívico cultural (con un café informal) que además alberga el **Arxiu Fotogràfic de Barcelona** (PLANO: **33** P. 67 **E3**, *do cerrado*), una galería pequeña pero interesante de fotografías de Barcelona desde la década de 1840 a finales del s. XX, con imágenes de profesionales y de aficionados.

Al doblar la esquina está **Foto Colectania** (PLANO: **34** P. 67 **F3**, *lu y ma cerrado*), una fundación sin ánimo de lucro que también apuesta por la fotografía, catalana y española, y que programa exposiciones temporales que cambian con regularidad.

Descubrir la Llotja de Mar

ARQUITECTURA

PLANO: **35** P. 67 **F6**

En los márgenes meridionales del Born, con vistas al Passeig d'Isabel II, la imponente **Llotja de Mar** empezó siendo la lonja de mercaderías de la Barcelona medieval y sigue siendo uno de los mayores ejemplos del poderío histórico de la ciudad. Se construyó en el s. XIV y aún conserva buena parte de su interior gótico, aunque se remodeló más tarde con una fachada neoclásica, una gran escalinata y un patio.

En 1775, el edificio pasó a albergar la Reial Acadèmia (hasta 1970), donde enseñaba el padre de Picasso y donde el joven artista estudió antes de trasladarse a París. Varias de sus salas se alquilan para organizar eventos.

Localizaciones en
el plano de la **p. 66**

SUGERENCIAS

Lo mejor para...

Ⓖ Económico ⒼⒼ Medio ⒼⒼⒼ Alto

Comer

Tapas clásicas y 'pintxos'

Cal Pep ⒼⒼ
36 F6

Legendario lugar de tapas marineras (suele haber colas); las especialidades son las *cloïsses amb pernil* (almejas y jamón) y el *trifàsic* (calamar, morralla y gambas). *Horario variable*

Bodega La Puntual ⒼⒼ
37 E5

Quesos, embutidos, tapas recién hechas y vermut de la casa en un espacio tipo taberna tradicional. *12.30-23.30 mi-do*

Bar Celta Ⓖ
38 E4

Bar de tapas de toda la vida dedicado a la cocina gallega, desde el pulpo a los pimientos de Padrón. *Horario variable*

Euskal Etxea ⒼⒼ
39 E5

Pintxos apilados en la barra o servidos calientes en bandejas que van saliendo de la cocina, acompañados con un *txakoli*. *12.00-24.00*

Bares de tapas creativas

Bar del Pla ⒼⒼ
 40 D4

Favorito especializado en vinos naturales y tapas creativas como champiñones con *wasabi*, patatas bravas y croquetas crujientes. *Horario variable*

Bar Pimentel ⒼⒼ
41 D4

Discreto bar de tapas para un cava, vermut o unos vinos con buen picoteo como *trinxat*, croquetas y calamares con mayonesa de lima. *Horario variable*

Tantarantana Ⓖ
 42 E3

Tapas de mercado con un toque innovador en mesas en una bonita plaza, la calle o el minúsculo interior. *13.00-24.00*

'Brunch' y pastelerías

Funky Bakers Ⓖ
 43 F5

Pedir un café tostado en Nømad, un *babka* de canela o un sándwich en bollo *challah* para llevar en esta popular panadería-delicatesen. *8.00-17.30*

Gringa All Day ⒼⒼ
44 B1

Imaginativos *brunches* californianos en un informal café tipo *diner*, desde burritos a panqueques con frutas. *Horario variable*

Picnic ⒼⒼ
45 E2

De dueños californiano-chilenos, fue uno de los primeros locales de *brunch* de Barcelona, popular por sus platos creativos, limonada recién hecha y cócteles originales. *10.00-16.00*

Cremat 11 ⒼⒼ
 46 E4

En una recóndita plaza, este elegante local de *brunch* tiene una terraza, cócteles creativos y platos que van de los esponjosos panqueques a los huevos Benedict. *10.00-16.00*

Restaurantes inventivos

Fismuler ❶❶❶
47 D1

Un equipo de chefs formados en El Bulli lleva este elegante e innovador favorito. La carta de mercado cambia a diario y los vinos son gloriosos; cerca del Arc de Triomf. *Horario variable*

Can Cisa/ Bar Brutal ❶❶
48 D5

Este bar de vinos naturales (uno de los mejores de Barcelona) también prepara platos para compartir y tapas originales, como ensaladas de sandía o sorprendentes quesos artesanales. *19.00-0.30 lu-ju, desde 13.00 vi-do*

Estimar ❶❶❶
49 E6

El chef Rafa Zafra ensalza los productos del mar de forma creativa con ingredientes locales en este acogedor y lujoso restaurante. *13.30-15.30 y 20.30-22.30 ma-sa*

Llamber ❶❶
50 F4

Propone una carta *slow food* que combina sabores catalanes y asturianos y se especializa en platos para compartir y vinos españoles. *13.00-23.00*

Cocina catalana

Joanet ❶
51 D2

Con pocas mesas en la Plaça de Sant Agustí Vell, sirve platos y tapas típicas, así como menú del día. *9.00-16.00, también 20.00-23.30 vi y sa*

Transatlàntic ❶
52 E6

Popular por su menú del día y su ambiente informal. *8.00-16.00 lu-vi*

'Ramen', empanadillas y 'sushi'

Koku Kitchen ❶
53 G5

Uno de los mejores *ramen* de Barcelona, con fideos hechos a mano a diario e ingredientes ecológicos de proximidad; también hace *bao* casero. *Horario variable*

Mosquito ❶
54 D3

Ramen, gyozas, dim sum, curris y demás tentaciones hechas con ingredientes frescos catalanes. *Horario variable*

Nakashita ❶❶
55 D1

El chef brasileño Márcio Araújo saca jugo de la tradición gastronómica japonesa de su país: *sashimi*, rollitos y demás. *13.00-16.00 y 19.00-23.00*

Dulces

Hofmann Pastisseria ❶
56 F5

Premiada pastelería; sus cruasanes de *mascarpone* no tienen desperdicio. *9.00-19.00*

Cajú Gelato ❶
57 F6

Heladería vegana que crea sus sabores originales como pistacho siciliano y sandía y menta con frutas naturales locales. *Horario variable*

Brunells ❶
58 D5

Aquí siempre ha habido una pastelería desde 1852; ahora hay divinos pastelitos de Pastisseria Canal, café El Magnífico y una cafetería donde relajarse. *9.00-20.00*

Sabores mediterráneos

Mescladís del Pou ❶❶
59 D3

Café-bar mediterráneo bajo las arcadas medievales, llevado por una organización sin ánimo de lucro que promueve la inclusión social de inmigrantes; tiene varios locales. *10.00-21.00*

Le Cucine Mandarosso ❶❶
60 A3

Agradable italiano con carta de mercado,

recetas familiares y pasta casera. *Horario variable*

Honest Greens €€
61 F6

Llena a diario por sus ensaladas recién hechas, cuencos y demás platos, muchos de ellos veganos y vegetarianos. Tiene varios locales. *Horario variable*

Tacos y ceviches

Tlaxcal €
62 G5

Popular taquería que sirve margaritas cargados, menús al mediodía y tacos variados. *Horario variable*

Costa Pacífico €€
63 D2

En la Plaça de Sant Agustí Vell, bar de planta abierta muy querido en el barrio por su ceviche y sus tacos creativos. *13.00-16.00 y 20.00-24.00 lu-ju, 13.00-24.00 vi-do*

Beber

Bares de vinos

El Xampanyet
64 E5

Una leyenda en la escena del cava de Barcelona; hay que ir pronto para probar el cava de la casa y las deliciosas

tapas (anchoas de sabor intenso, tortilla viscosa). *Horario variable*

El Diset
65 F5

Sofisticado bar de vinos especializado en caldos catalanes; también tapas fabulosas como quesos locales y *torrades* (tostadas con cualquier cosa por encima). *19.00-hasta tarde lu-vi, desde 13.00 sa y do*

Café de especialidad

Nømad Cøffee Lab & Shop
66 B2

Pionero del café de especialidad en Barcelona, el Nømad, con certificado B-Corporation, tuesta su grano en el Poblenou y sirve excelentes *flat whites* y cafés exprés en el Passatge de Sert. *8.30-18.00 lu-vi*

Hidden Coffee Roasters
67 F6

Luminosa cafetería al sur del Born, de un tostador local que selecciona el mejor grano en granjas sostenibles de todo el mundo. *8.00-19.00 lu-vi, desde 9.00 sa y do*

El Magnífico
68 E6

Fundado en 1962, El Mag, de gestión familiar, es uno de los tostaderos

de café más queridos de Barcelona, que sirve y vende cafés de especialidad. *9.00-20.00 lu-sa*

Terrazas y vistas

La Terraza del Central
69 B5

Café chic de azotea en el Grand Hotel Central, ideal para unos cócteles con vistas a los terrados y chapiteles de la Ribera. *9.00-24.00*

Bormuth
70 F4

Bar de tapas con una terraza muy buscada que da al antiguo Mercat del Born; se puede acompañar el vermut de la casa con un trozo de tortilla. *12.00-24.00*

Antic Teatre
71 A3

Concurrido bar comunitario en el patio de un edificio del s. XVII; los beneficios ayudan a financiar proyectos culturales. *Horario variable*

Comprar

Alimentación y vino

Vila Viniteca
72 E6

Una de las mejores vinaterías de España, fundada en 1932; además es un paraíso de alimentos *gourmet*. *8.30-20.30 lu-vi, hasta 14.30 sa*

Casa Gispert
véase **E6**

Almendras y demás frutos secos recién tostados en un establecimiento de 1851; también hay aceites de oliva, sales, vermut y demás exquisiteces. *9.30-20.00 lu-sa*

Formatgeria Simó
73 **B2**

Edén de quesos europeos con 30 años en su haber. *Horario variable*

Sans i Sans
74 **E6**

Boutique de tés que lleva la familia de **El Magnífico** (p. 84), con cientos de variedades de todo el mundo. *10.00-20.00 lu-sa*

Artesanías

Working in the Redwoods
75 **C1**

La diseñadora Miriam Cernuda se inspira en la Costa Brava para hacer cerámicas con materiales naturales. *12.00-19.00 ma-ju, hasta 20.00 vi, hasta 18.00 sa*

Mostaza
76 **D4**

Inspirada colección de piezas artesanales de creativos catalanes y españoles (cerámica de tema animal, acuarelas florales, cuadernos con motivos botánicos). *11.30-21.00 mi-do, hasta 16.00 lu*

Diseñadores locales

Colmado
77 **D6**

Zapatos, vestidos, bañadores y artículos para el hogar diseñados en Barcelona, todo ello artesano y sostenible. *11.30-20.00 lu-sa, desde 12.00 sa*

Ozz Barcelona
78 **D5**

Boutique slow-fashion con piezas de vanguardistas diseñadores de Barcelona y de marcas independientes emergentes. *10.30-20.00 lu-sa*

Colmillo de Morsa
79 **D4**

Moda para mujer hecha en Barcelona, sostenible y de inspiración nórdica de los diseñadores Elisabet Vallecillo y Javier Blanco. *12.00-20.00*

Après Ski
80 **D5**

La diseñadora Lucía Vergara es conocida por sus creaciones inteligentes y bonitas de materiales *vintage* y colecciones de joyería. *11.00-19.00 lu-sa*

Angle
81 **D6**

Prendas atemporales de tonos y formas elegantes de una marca fundada en Barcelona que usa materiales reciclados. *11.30-19.30 lu-sa*

Libros

Fahrenheit
82 **G5**

Librería que se especializa en editoriales pequeñas, organiza lecturas, clubes, etc., y tiene una cafetería. *10.00-21.00 lu-sa*

Moda y complementos

Humana Vintage
83 **C3**

Moda y accesorios de segunda mano en esta fundación sin ánimo de lucro con tiendas en toda España. *10.00-21.00 lu-sa, 13.00-20.00 do*

Ivori
véase **81** **D6**

Piezas desenfadadas de marcas barcelonesas y de otros diseñadores españoles, desde bikinis a camisas de algodón y vestidos de verano. *11.30-19.30 lu-sa*

Sugerencias de lugares para comer, beber y comprar en **p. 101**

Explora
La Barceloneta, las playas y el Poblenou

En esta ciudad arquitectónicamente ecléctica es fácil olvidarse que siempre se está cerca del mar. El litoral de Barcelona va de los pies de Montjuïc al Fòrum. Las zonas que orillan la costa procuran conservar su carácter local frente a la masificación turística en la playa. La Barceloneta, un antiguo barrio de pescadores, viene a ser como una prolongación del casco antiguo. Al noreste, el extenso Poblenou es una antigua zona industrial hoy convertida en uno de los barrios del momento. El Port Olímpic, construido para los Juegos Olímpicos de 1992, ha vivido una profunda transformación.

Cómo desplazarse

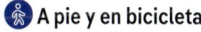 **A pie y en bicicleta**
El paseo marítimo que va de detrás del hotel W, en la Barceloneta, hasta el Fòrum es ideal para recorrer en bici y a pie, correr y patinar.

 Metro
La L4 para en la Barceloneta y sigue hasta Llacuna, Bogatell y Poblenou.

 Barco
Los barcos de cero emisiones conectan el Moll de les Drassanes (cerca del sur de La Rambla) con el Moll de Llevant (cerca del frente marítimo) en solo 10 min.

Teleférico
El Telefèric del Port comunica la Torre de Sant Sebastià, en la Barceloneta, con Miramar, en Montjuïc.

'L'Estel Ferit' de Rebecca Horn, Platja de la Barceloneta (p. 98).
NATALIAZA/SHUTTERSTOCK ©

★

LO MEJOR

UN RATO EN LA PLAYA
Playas del Poblenou (p. 90)

BARES DE TAPAS
Barceloneta (p. 101)

AVENTURAS EN EL MAR
Surf de remo al atardecer (p. 95)

ARTE Y DISEÑO
Museu del Disseny (p. 96)

MIRADOR
Torre Glòries (p. 98)

Playas del Poblenou

Platja del Bogatell

Platja de la Nova Icària

Parc del Poblenou

Te Quiero Cocinar

Rambla del Poblenou

Espai Mitjts

EL POBLENOU

Sala Beckett

Espai Subirachs

Museu Can Framis

SANT MARTÍ

Torre Glòries

Museu del Disseny de Barcelona

Parc de les Glòries

La Plataforma

Razzmatazz

Espacio 88

ROEX

Universitat Pompeu Fabra

Ampliación de la Barceloneta

Estació de França

LA RIBERA

Cara de Barcelona

Museu d'Història de Catalunya

Església de Sant Miquel del Port

Casa de la Barceloneta

LA BARCELONETA

PORT VELL

Mirador del Port Vell

Port Vell

Marina

Moll d'Espanya

Moll de la Barceloneta

Plaça de la Barceloneta

Más información
Imprescindible ★ p. 90
Experiencias ✹ p. 94
Comer ✕ p. 101
Beber 🍺 p. 102
Comprar 🛍 p. 103

MAR MEDITERRÁNEO

Parc de la Barceloneta

Platja de la Barceloneta

Platja del Somorrostro

Port Olímpic

Plaça dels Voluntaris

Zoo de Barcelona

Ciutadella | Vila Olímpica

Torre de les Aigües de Catalana de Gas

Parc de la Barceloneta

Estació de França

Barceloneta

LA BARCELONETA

Pg. de Joan de Borbó

SeaBarcelona

L'Aquàrium

Maremàgnum

Pallebot Santa Eulàlia

La Gamba

Mirador de Colom

Museu Marítim

Rambla de Mar

Port de Barcelona

Plaça de les Drassanes

Drassanes

BARRI GÒTIC

Platja de Sant Miquel

Homenatge a la Natació

Club Natació Atlètic-Barcelona

Telefèric del Port

Plaça del Mar

L'Estel Ferit

Molokai SUP Center

Ampliación de la Platja de la Barceloneta

Véase ampliación de la Platja de la Barceloneta

Véase ampliación de la Barceloneta

89

Playas del Poblenou

Pasada la abarrotada Barceloneta se extiende una ristra de bonitas playas de arena dorada hacia el noreste desde el Port Olímpic hasta el Fòrum, ribeteando barrios costeros como el Poblenou. A continuación se explica todo lo que hay que saber sobre las playas que frecuentan los barceloneses.

PLANO: P. 88 **F3**

CONSEJO
Hay restaurantes de pescado, marisco y arroces en el paseo marítimo; reservar con antelación. Casi todos los chiringuitos de playa cierran en invierno.

Escanea este código QR para conocer en directo el estado de las playas de Barcelona.

Nova Icària y Bogatell

Menos abarrotada que la Barceloneta, la **Platja de la Nova Icària** es la más animada del Poblenou. Está justo después del recién renovado Port Olímpic y un largo espigón protege su lado sur, donde el oleaje suele estar calmado. También hay pistas de vóley y un parque infantil. Hacia el noreste, la **Platja del Bogatell** es mucho más grande, con arenas doradas y más vóley. Hay restaurantes de playa en el paseo marítimo hasta el **Parc del Poblenou,** un refugio a la sombra ideal para un pícnic.

Playas de la Mar Bella y del Llevant

La siguiente y más apartada es la **Platja de la Mar Bella,** la principal playa nudista y lugar de encuentro LGTBIQ+, con chiringuitos. Entre Bogatell y Mar Bella está la **Base Nàutica Municipal,** que alquila equipos para practicar deportes acuáticos y organiza salidas de surf de remo y kayak. A continuación está la **Platja de la Nova Mar Bella,** otra pequeña franja con un ambiente despreocupado.

La última playa, la que está más al noreste, es la **Platja del Llevant.** Esta franja dorada, situada delante de un gran descampado, se terminó casi 10 años después de los Juegos Olímpicos, pero es

ANDRIJ VATSYK/SHUTTERSTOCK ©

un lugar frecuentado por los dueños de perros de junio a septiembre. Los perros pueden bañarse en otras épocas del año, pero Llevant es la única en verano a la que se puede llevar a la mascota.

Lo básico y accesibilidad

Está prohibido fumar en las playas. No hay que quitar el ojo de los objetos personales en ningún momento. Las playas son accesibles, con pasarelas de madera y zonas adaptadas para personas con discapacidades. La Barceloneta y Nova Icària cuentan con un servicio de apoyo al baño de junio a mediados de septiembre y los fines de semana de junio a finales de septiembre.

Durante la **Nit de Sant Joan,** la verbena del 23 de junio, los barceloneses se reúnen en la playa para celebrar esta fiesta con petardos y fuegos artificiales.

UNA PAUSA
Can Fisher y **Xiringuito Escribà** ofrecen buenos arroces, pescado, marisco y vistas del Mediterráneo. Hacia el interior desde Bogatell está el informal bar al fresco **Càmping.**

CIRCUITO EN BICICLETA

En bici por el paseo marítimo

La mejor manera de disfrutar del dinámico frente marítimo es sobre dos ruedas, con el centelleo del Mediterráneo a un lado. Esta ruta panorámica y plana, que discurre entre el Port Vell y el lejano Fòrum, sigue un carril-bici apartado de los coches, pero hay que estar muy atento a los peatones.

INICIO	FINAL	DURACIÓN
Mirador de Colom	Fòrum	8 km; 45 min

(Left margin) EXPLORA

(Left margin) LA BARCELONETA, LAS PLAYAS Y EL POBLENOU

Mapa:

C de la Independència · C de Padilla · Av Meridiana · C d'Aragó · Gran Vía de les Corts Catalanes · C de Pere IV · El Maresme Fòrum M · Parc del Fòrum · Zona de baño · 7 FINAL

Av Diagonal · M Selva de Mar · C de Bac de Roda · Platja del Llevant

Parc de les Glòries · Av Diagonal · Poblenou M · Ronda del Litoral · Platja de la Nova Mar Bella

Av Diagonal · C de la Marina · C dels Almogàvers · EL POBLENOU · Platja de la Mar Bella

C de Badajoz · M Llacuna · Pg de Calvell · Platja del Bogatell

EL FORT PIENC · M Bogatell · Pg de Salvador Espriu · Platja de la Nova Icària

Arc de Triomf M · C de la Marina · 6 · Platja del Somorrostro

Via Laietana · Pg de Picasso · Zoo de Barcelona · Peix

Jaume I M · Estació de França

Liceu M · La Rambla · Barceloneta · Museu d'Història de Catalunya · Platja de la Barceloneta

2 · 5 · Platja de Sant Miquel

INICIO 1 · Pg de Josep Carner · 3 · Platja de Sant Sebastià

Telefèric del Port (Miramar) · 4 · Port de Barcelona · MAR MEDITERRÁNEO

N · 0 — 1 km

1 Dejar el centro histórico

Desde el final de La Rambla, hay que despedirse del **Mirador de Colom** y salir rumbo noreste por el paseo de encima del Moll de la Fusta.

2 Escultura surrealista

Justo enfrente se verá la obra **'Cara de Barcelona'** de Roy Lichtenstein. Superada esta estatua, llamativa tanto por sus formas como por su tamaño, hay que girar a la derecha, pararse a mirar los lujosos yates del puerto deportivo y enfilar por el carril-bici hacia la izquierda del Palau de Mar, que alberga el **Museu d'Història de Catalunya** y algunos restaurantes.

3 Arte junto al mar

Es mejor acelerar un poco por el lado derecho del Passeig Joan de Borbó para llegar a la Plaça del Mar, junto a la Platja de la Barceloneta. Luego hay que pasar por los arcos de acero de la escultura **'Homenatge a la Natació'** de Alfredo Lanz.

4 Punto de referencia en el paseo marítimo

Hay que desviarse hacia la derecha hasta el hotel **W Barcelona,** en forma de vela, detrás del cual hay un paseo elevado por el que, si apetece, se podría ampliar la ruta. En caso contrario, dar media vuelta al llegar al final de la playa.

5 Historia de la Barceloneta

Se regresa a la cuadrícula de calles de la Barceloneta pero sin entrar en ella para fijarse en la escultura **'L'Estel Ferit'** de Rebecca Horn, que recuerda los chiringuitos de playa que había antes en la zona.

6 Diseño que reluce

Luego es hora de ir al noreste, pasando por delante de las brillantes escamas de la escultura **'Peix'** (foto p. 91) de Frank Gehry, para seguir primero por el reformulado **Port Olímpic** y después por la ristra de playas del Poblenou y Sant Martí. Se puede descansar en cualquier bar de playa de los varios que se encuentran en la ruta.

7 El baño final

En el último tramo hay que adentrarse por los senderos del parque del **Fòrum** para llegar a la pequeña **zona de baño,** junto al puerto, con aguas protegidas por enormes barreras de bloques de hormigón, donde como colofón de la ruta, uno puede darse un refrescante baño.

EXPERIENCIAS

Descubrir
la Barceloneta   BARRIO, PASEO

La Barceloneta, inicialmente una península de arena que se adentraba en el Mediterráneo, fue trazada en el s. XVIII para alojar a los vecinos desplazados de la Ribera tras la construcción de la (ahora destruida) ciudadela militar (p. 77). En verano, el barrio lo invade un flujo constante de bañistas en chanclas que se dirigen a la playa, pero tiene un marcado carácter local todo el año. Se puede echar un vistazo a la **Església de Sant Miquel del Port** (PLANO: ❶ P. 88 **C3**), que se asoma por el otro lado de la Plaça de la Barceloneta. Se puede entrar a la **Casa de la Barceloneta** (PLANO: ❷ P. 88 **C4**) para conocer la historia de este barrio tradicional. Alrededor del **Mercat de la Barceloneta** (p. 103) y en la Plaça del Poeta Boscà, los vecinos juegan a pimpón, pasean a los perros o llevan a los críos al parque infantil. Cruzando el arco de una antigua fábrica textil se llega al **Parc de la Barceloneta** (PLANO: ❸ P. 89 **E6**), donde está la **Torre de les Aigües de Catalana de Gas** (PLANO: ❹ P. 89 **C6**), una torre de agua modernista proyectada por Josep Domènech i Estapà en 1906.

Visitar los museos
importantes del Port Vell   MUSEO

Cerca del final de La Rambla, el **Museu Marítim** (PLANO: ❺ P. 89 **A8**) señala el lugar de las Atarazanas Reales, unas de las mayores de Europa hasta que la construcción naval se trasladó al sur de España en el s. XIX. Se puede entrar para ver la impresionante réplica de una galera del s. XVI o para tomar algo en el patio del café donde hay una réplica de uno de los primeros submarinos del mundo, diseñado por el catalán Narcís Monturiol. Con la entrada también se puede subir a bordo del **Pailebot 'Santa Eulàlia'** (PLANO: ❻ P. 89 **A7**), amarrado en el paseo del Moll de la Fusta.

En el lado norte del Port Vell, el **Museu d'Història de Catalunya** (PLANO: ❼ P. 88 **B3**), alojado en el Palau de Mar, repasa la historia de Cataluña desde la Edad de Piedra a la edad de oro del modernismo, los juicios sumarísimos de la Guerra Civil y la represión cultural durante la dictadura franquista.

Ir a las playas
de la Barceloneta   PLAYA

Aunque su brillo dorado parezca natural, las playas de Barcelona se crearon para los Juegos Olímpicos de 1992. El litoral de playas más animado de la ciudad está enmarcado por grandes palmeras y las estrechas calles de la Barceloneta. La **Platja de Sant Miquel** (PLANO: ❽ P. 89 **C8**) y la **Platja de la Barceloneta** (PLANO: ❾ P. 89 **E7**) son un hervidero de actividad todo el año, con chiringuitos, vóley, surf de remo y bañistas.

En la Plaça del Mar, la escultura de acero **'Homenatge a la Na-**

tació' (PLANO: **10** P. 89 **C8**), de Alfredo Lanz, señala el principio de la estrecha y algo más tranquila **Platja de Sant Sebastià** (PLANO: **11** P. 89 **C8**). Para darse un respiro, se puede caminar por el largo paseo que va al sur por detrás del hotel **W Barcelona** (véase **11 C8**), en forma de vela, al que se puede ir si se sigue la playa y se suben los escalones hasta un mirador, o si se sube la cuesta que pasa por delante de la entrada al hotel.

De ir hacia el noreste desde la Barceloneta por el paseo marítimo, la **Platja del Somorrostro** (PLANO: **12** P. 89 **D6**) está delante del **'Peix'** (PLANO: **13** P. 89 **D5**), de Frank Gehry, una escultura de 35 m de alto de escamas cobrizas de acero, cerca del recién renovado **Port Olímpic** (PLANO: **14** P. 89 **E5**).

Ejercicio frente a la playa   ACTIVIDADES EN EL LITORAL

Hacia las 6.00, los activos madrugadores que van al litoral relevan a los últimos fiesteros que quedan. Quien se sienta motivado puede sumarse a **Show Up Barcelona,** un grupo que se reúne los miércoles al alba para meditar y darse un baño (¡también en invierno!). Otra opción sería salir en surf de remo con **Molokai SUP Center** (PLANO: **15** P. 89 **E8**) o **Sea You** (véase **11 C8**) al amanecer o atardecer. Hay profesores que organizan **sesiones de yoga privadas** en la playa; consultar sitios web como Urban Sports Club. Sea You también imparte clases de *kitesurf* y alquila equipo, igual que la **Base Nàutica Municipal** (p. 90) en Bogatell. Asimismo se pueden alquilar patines o participar en una clase gratis en fin de semana en **ROEX** (PLANO: **16** P. 88 **E4**).

No se ven olas grandes en Barcelona pero, de uvas a peras, una buena marejada saca a los surfistas al mar; se alquilan tablas o imparten clases en **BCN Surf School** (PLANO: **17** P. 89 **D6**). En el **Club Natació Atlètic-Barceloneta** (PLANO: **18** P. 89 **C8**) los no socios pueden acceder a la piscina y al *spa* con un pase de un día.

Descubrir la escena de diseño del Poblenou   GALERÍAS

Al acercarse al Poblenou desde el noroeste, más de uno cree que el

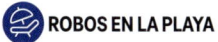

ROBOS EN LA PLAYA

La primera regla para ir a la playa en Barcelona es no dejar nunca los objetos personales sin vigilar. Aunque si a alguien le roban mientras se baña en la Barceloneta, tampoco será el primero. Los robos son tan habituales que la policía ofrece kits de emergencia para las víctimas que incluyen una camiseta, chanclas y unos pantalones cortos de talla de S a XL, más un billete de metro para regresar a casa. Están disponibles en la comisaría de policía de la Barceloneta, en el n° 32 del Passeig de Joan Borbó y en el Espigó del Bogatell.

LOS MEJORES LUGARES DE DISEÑO DEL POBLENOU

Suzanne Wales, cofundadora de Barcelona Design Tours (*@bcndesigntours*), recomienda sus espacios favoritos de diseño en el Poblenou.

Mercat dels Encants

véase B1

Esta alta marquesina espejada que protege a los vendedores de artículos de segunda mano dice mucho de la actitud avanzada a su tiempo de Barcelona hacia la nueva arquitectura municipal.

Museu Can Framis

véase D1

Casi todas las fábricas de principios del s. XIX en el Poblenou han sido rehabilitadas, pero ninguna de forma tan poética como esta.

Espai Mietis

 D2

Esta firma local muestra sus coloridos bolsos y chaquetas de piel en una tienda-*showroom* impresionante.

Sala Beckett

 E1

Esta elogiada transformación de un antiguo teatro es radical y encantadora. Se puede entrar a tomar un café; el comedor fue en su día una cantina para los obreros de las fábricas de la zona.

barrio es estrictamente empresarial. Si bien es cierto que muchas empresas tecnológicas se han instalado en este conjunto de relucientes edificios de oficinas, el barrio también es un epicentro para las artes. En el **Museu del Disseny de Barcelona** (PLANO: ⑲ P. 88 **C1**), de nombre extraoficial "la grapadora", al lado de la **Torre Glòries** (p. 98), se exhibe una ecléctica colección de diseño, desde antiguos carteles de cine y moda renacentista a obras de grandes nombres del arte español como Picasso y Miró.

Para más arte se puede visitar el **Espai Subirachs** (PLANO: ⑳ P. 88 **E1**), un museo pequeño dedicado a la obra de Josep M. Subirachs, nacido en el Poblenou y escultor de la fachada de la Pasión de la Sagrada Família. Para saber qué hacen hoy los creativos del Poblenou, hay que ir a **Espacio 88** (PLANO: ㉑ P. 88 **C2**), una nave industrial para eventos con un *coffee truck* (café sobre ruedas) y una galería, o a **La Plataforma** (PLANO: ㉒ P. 88 **D2**), un espacio de arte y un estudio creativo.

Salir a navegar   SALIDAS EN BARCO

PLANO: ㉕ P. 89 **B8**

La oferta náutica de Barcelona está despegando. Con las nuevas instalaciones del **Port Olímpic** (p. 95) hay más y mejores formas de disfrutar del agua y del viento. Escuelas y sitios web como Meetup ponen en contacto con gente local que imparte clases y cursos.

Dirigido por unos cuantos profesores, **Mare Ventus Club de Vela** (*clubdevelamareventus.com*) ofrece clases a quienes quieran aprender a manejar las cuerdas y el timón.

De preferir un crucero de placer, operadores como **SeaBarcelona** ofrecen salidas en grupos pequeños y chárteres privados que incluyen tentempiés y posible baño si el tiempo acompaña.

Disfrutar de las vistas del litoral desde las alturas MIRADORES

El **Telefèric del Port** (PLANO: 🔴26 P. 89 **C8**), que sobrevuela la ciudad desde 1929 cuando se celebró la Exposición Internacional de Barcelona, comunica las playas de la Barceloneta con Montjuïc, salpicado de museos. El trayecto de 8 min es la forma más rápida y panorámica para ir entre Montjuïc y la Barceloneta, y se agradece después de un día intenso de turismo, aunque puede haber colas largas.

Para disfrutar de una panorámica más inmediata, hay que ir al monumento a Colón, al final de La Rambla. En lo alto de esta columna de 60 m de altura, está el **Mirador de Colom** (PLANO: 🔴27 P. 89 **A8**) (p. 93), con la estatua del navegante genovés señalando al este hacia el Mediterráneo y, bajo sus pies, un pequeño mirador al que se accede por un ascensor y que ofrece vistas de 360^0 de La Rambla, el litoral y Montjuïc. Ojo, como el espacio es muy estrecho, no se recomienda a quienes sufren vértigo o claustrofobia.

Dominar el arte de la paella CURSO DE COCINA

PLANO: 🔴31 P. 88 **F2**

La paella es un plato que se crea capa a capa, construyendo sabores. La mejor manera de apreciar el proceso es dirigirse a **Te Quiero Cocinar** en el Poblenou, colocarse un delantal y empezar a cortar. La chef Ros Constantino compra los ingredientes frescos en el Mercat de la Boqueria, pero también imparte clases de cocina mexicana, peruana, *brunch* y tapas, que convierten esta escuela de cocina en una verdadera joya del barrio. Una vez listo el arroz, se come en familia con el resto de compañeros. Consultar el calendario y reservar con antelación.

Sumarse a una inmersión urbana SUBMARINISMO

véase 🔴11 **C8**

Abriéndose paso con pesadas botellas entre los bañistas de la Platja de Sant Sebastià, la comunidad de buceo con botella de Barcelona tiene su sede frente al mar. **Underwater Barcelona** no es solo un lugar práctico para sacarse el certificado PADI Open Water, sino también un centro de buceo.

Además de cursos de iniciación y de especialización, ofrece salidas de buceo (también nocturnas) o la oportunidad de aportar algo a Barcelona limpiando el fondo marino. A cambio de una inmersión gratis (que no incluye el equipo), se recogerá basura del fondo marino y

LUGARES DE ENCUENTRO

A lo largo del frente marítimo se instalaron obras de arte público para los Juegos Olímpicos de 1992, espolvoreando la ciudad con memorables puntos de encuentro.

'L'Estel Ferit'

PLANO: 28 P. 89 E8

La escultura *La estrella herida*, de la artista alemana Rebecca Horn, rinde homenaje a las barracas (chiringuitos) que en su día orlaban la fachada marítima.

'Cara de Barcelona'

PLANO: 29 P. 88 A3

Entre el Passeig de Colom y el Moll de la Fusta, esta escultura de 15 m de altura la diseñó el artista pop estadounidense Roy Lichtenstein. Recuerda una cara, hecha con colores primarios.

'Gamba'

PLANO: 30 P. 89 B7

Sonriendo en el Moll de la Fusta, la gigantesca gamba de Javier Mariscal en su día señalaba las puertas de una marisquería.

Disfrutar de una rambla de barrio

CALLE

PLANO: 32 P. 88 E2

"Rambla" es una palabra que en catalán significa "calle ancha y con árboles", así es que cualquier ciudad catalana grande (o barrio de Barcelona) suele tener su propia rambla, donde la gente va a comprar y a tomar algo. Aunque la famosa **Rambla** (p. 34) de Ciutat Vella funciona hoy como autopista de turistas, la **Rambla del Poblenou** es una versión bastante más genuina. Aparte del monumento a un cirujano de la Guerra Civil, hay lugares gastronómicos con nota alta en este bulevar, donde hacer un alto en el camino entre visitas turísticas.

La rambla del barrio cambia según la hora del día. Se puede ver cómo despierta poco a poco por la mañana cuando la gente ocupa las terrazas para tomarse el café matutino, o cómo sube el volumen de las conversaciones a la hora del vermut. Por la noche, sobre todo en verano cuando los bañistas se retiran de la playa al atardecer, el ambiente se anima y la gente se apalanca a tomar unas copas.

se conocerán problemas medioambientales como la contaminación por plásticos. El centro también suele organizar limpieza de playas el mismo día.

Subir hasta las nubes

ARQUITECTURA, MIRADOR

PLANO: 33 P. 88 C1

La **Torre Glòries** tiene forma de bala y cada noche ilumina el horizonte urbano con un despliegue de color gracias a miles de luces LED. Antes llamada Torre Agbar, se inauguró en el 2005 y fue proyectada por el arquitecto francés Jean Nouvel. Ahora es el referente central de la zona más alta de Poblenou, y su Mirador Torre Glòries es un nuevo balcón con la ciudad a sus pies. De entrada, se atravesará la exposición subterránea Hipermirador Barcelona, que se vale de datos en tiempo real (como calidad del aire, temperatura del mar y niveles de tráfico) para generar visualizaciones y paisajes sonoros que muestran la urbe como un ente dinámico creado por muchos seres vivos. Esta experiencia es una buena carta de presentación a las vistas de 360° que aguardan arriba –el ascensor sube 30 pisos en 30 segundos–. La espaciosa última planta alberga la obra interactiva *Cloud Cities* del artista argentino Tomás Saraceno, por la que se puede trepar (por 10 € más).

Admirar arte contemporáneo catalán GALERÍA

PLANO: **34** P. 88 **D1**

Al bajar la calle desde el **Museu del Disseny de Barcelona** (p. 96), el **Museu Can Framis** ocupa una antigua fábrica textil del s. XVIII inundada de luz y rehabilitada por el arquitecto Jordi Badia. Su atrevida colección está dedicada al arte contemporáneo catalán, desde la década de 1960 hasta hoy. Las obras expuestas suelen cambiar, pero siempre conservando ese festín de ricas texturas, colores provocadores e ideas complejas de los más importantes artistas catalanes.

Divertirse en el Palo Market Fest FESTIVAL

PLANO: **35** P. 88 **F1**

Hay un poco de todo en el popular **Palo Market Fest** del Poblenou, mensual (o bimensual). El festival transforma una antigua nave industrial en un espacio donde los diseñadores de moda y joyería exponen sus mejores piezas, mientras restaurantes y *food trucks* se encargan de alimentar al respetable. La música en directo lo convierte en un lugar perfecto para pasar una tarde del fin de semana. Se recomienda comprar las entradas con antelación en línea.

 **FESTIVAL LLUM BCN**

Cada febrero, el Poblenou se convierte en un gran museo, pero solo cuando cae la noche. Durante el Llum BCN, un festival de luz que dura tres días, artistas de todo el mundo participan con instalaciones impresionantes; las hay que ocupan manzanas enteras ofreciendo una deslumbrante experiencia lumínica. Cada año se publica un plano en línea con la ubicación de las instalaciones en la calle y en museos, galerías y lugares referenciales populares. Con un ambiente electrizante y obras innovadoras, nadie debería perderse este acontecimiento si tiene la suerte de estar en la ciudad para esas fechas. Buscar los días del festival en *barcelona.cat*.

Ver una película al fresco CINE

Una vez pasado el solsticio de verano, las playas de Barcelona ofrecen cine al fresco. **Cinema Lliure a la Platja** trae cada año sesiones gratis a las playas del litoral catalán, desde Palamós a Sitges, e incluso a las de Mallorca, al otro lado del mar. En Barcelona, las sesiones son en la **Platja de Sant Sebastià** (p. 95). Se programan películas que han triunfado en festivales, pero también cintas para toda la familia. Consultar horarios y programación en línea.

Salir de fiesta al Razzmatazz VIDA NOCTURNA

PLANO: **36** P. 88 **C2**

De las muchas discotecas del Poblenou, la de fama más tremenda es **Razzmatazz.** Desde su fundación en el 2000, este super club de 3700 m² ha programado más de 5000 conciertos (con más de 35 000 DJ) que incluyen grandes nombres, desde Coldplay a los Arctic Monkeys. *Dancehall, house, reggae, rock, techno, rave, dance* pop e incluso *oldies* son solo la punta del iceberg; las fiestas semanales como El Dirty (mi noche) empiezan pasada la medianoche.

Razzmatazz es el monstruo de la escena noctámbula del Poblenou, pero junto al mar las cosas podrían estar cambiando para otros pilares de la oferta nocturna. En el momento de redactar esta guía, el Ayuntamiento planeaba cerrar varias discotecas del frente

marítimo (como Pachá y Opium), pero su destino es aún incierto debido a un recurso judicial en curso.

Pasear por la Rambla de Mar PASEO

PLANO: **40** P. 89 **B8**

Delante del Mirador de Colom, al final de La Rambla, una pasarela de madera señala el inicio de la **Rambla de Mar** (PLANO: **37** P. 89 **A8**). Conviene fijarse en las vigas que forman olas en dirección al mar y en la escultura *Miraestels* (Mira estrellas) que flota junto al muelle. Creada por Robert Llimós, esta pequeña y blanca figura mira hacia arriba con las manos unidas detrás de la espalda. Es un buen sitio para sentarse y disfrutar de las vistas a Montjuïc. La rambla continúa por el puente levadizo (a veces hay que esperar a que entre o salga un barco) hasta el centro comercial **Maremàgnum** (PLANO: **38** P. 89 **B8**), hoy sede del gastronómico **Time Out Market Barcelona** (p. 102).

Ir bajo las aguas en L'Aquàrium ACUARIO

PLANO: **39** P. 89 **B7**

Para ver qué pasa en el mundo submarino, algo que entusiasmará a los críos, hay que ir a **L'Aquàrium,** uno de los mayores acuarios de Europa. El espacio reúne a más de 11 000 criaturas de 450 especies diferentes; las bandadas de pingüinos de Humboldt y el túnel de los tiburones son algunas de las secciones más populares.

Lo mejor para...

 Económico Medio Alto

Comer

Tapas en la Barceloneta

Jai-Ca
40 B3

Genuino bar de tapas con dos locales en la misma manzana. *8.00-23.30*

La Cova Fumada
41 C4

Tapas (y colas) legendarias en este bar de gestión familiar, un clásico del barrio desde 1944. *9.00-15.00 lu-vi, hasta 14.00 sa*

Bodega la Peninsular
42 B3

Filosofía *slow food* en una bodega tradicional con vermut de la casa. *12.00-23.30 mi-sa*

Bitácora
43 B2

Tapas deliciosas a precios justos y gran variedad de cervezas; queda apartado de la playa. *Horario variable*

Estrellas de la playa

Xiringuito Escribà
44 F3

Chiringuito ideal para una paella o una fideuá. *12.00-22.30*

Can Fisher
45 F3

Paella, pescado y marisco, y una estética chic de playa. *12.30-23.00 lu-vi, desde 10.00 sa y do*

Pez Vela
véase **11** C8

Glamuroso chiringuito a la sombra del hotel W Barcelona, con variedad de arroces. *12.30-1.00*

Can Majó
46 E8

De cara a la Platja de la Barceloneta, ofrece paella de marisco, zarzuelas y *suquets*. *Horario variable*

Pescado, marisco y arroces

Els Pescadors
47 F2

En una plaza con ombús cerca de Bogatell, sirve exquisitos pescados a la brasa. *13.00-17.30 diario, 19.30-24.00 ma, 20.00-24.00 mi-lu*

Localizaciones en el plano de la **p. 88**

Minyam
48 E1

La paella ahumada de la casa hace que los clientes repitan. *Horario variable*

Can Ros
49 C7

Cinco generaciones han sabido mantener el nivel alto de los platos tradicionales y la paella. *Horario variable*

Can Solé
véase **2** C4

Con un ambiente de la Barceloneta de otra época, propone una carta de cocina catalana casera donde reinan el pescado y el marisco. *Horario variable*

Los elegidos del Port Vell

Oaxaca
50 A2

Cocina mexicana en este respetado restaurante de categoría. *13.00-24.00 do-ju, hasta 2.00 vi-sa*

7 Portes
51 A2

Con más de 150 años, tiene fama por sus platos tradicionales catalanes y sus paellas icónicas. *13.00-24.00*

Green Spot ⓖ
 52 **A3**

Todos los platos favoritos veganos en un comedor minimalista, a menudo, con música en directo. *13.00-17.00 y 19.30-1.00*

Time Out Market Barcelona ⓖⓖ
véase **38** **B8**

Vistas del mar, ambiente divertido, mesas comunitarias y una irresistible variedad de cocinas y bares, entre ellos, varios favoritos locales. *10.00-24.00*

'Brunch'

Little Fern Café ⓖ
53 **D1**

Los fines de semana por la mañana se forman colas en este café del Poblenou, muy querido por su estética fresca, sus boles de granola y sus tostadas con aguacate. *9.00-16.00*

T.44 ⓖ
54 **F2**

Interiorismo industrial aparte, este café propone una carta variada de torrijas y panqueques de calabacín. *Horario variable*

Buriti ⓖ
55 **F1**

Restaurante brasileño con una sabrosa y

saludable carta de exquisiteces, para veganos y para carnívoros. *Horario variable*

Surf House ⓖ
56 **E8**

Reservar un *brunch* y una sesión de surf de remo o yoga en este restaurante saludable frente a la playa. *Horario variable*

Exitazos del Poblenou

Blu Bar ⓖⓖ
57 **F2**

Tapas y *pizzas* vegetarianas y ensaladas deliciosas; ideal también para una copa después de la playa. *Horario variable*

El 58 ⓖ
58 **E2**

Lugar de tapas que combina cocina francesa y catalana y sirve platos con ingredientes de temporada. *13.00-15.30 y 20.00-22.30 lu-vi*

Aguaribay ⓖⓖ
véase **54** **F2**

La gastronomía de alto nivel y los ingredientes aptos para veganos lo convierten en un buen restaurante en todos los sentidos. *Horario variable*

Vrutal ⓖⓖ
59 **F2**

Este local de hamburguesas *gourmet* es tan popular que sorprenderá que la carta sea vegeta-

riana, con combinaciones de sabores que dejarán sin habla. *13.00-23.00 do-ju, hasta 23.30 vi y sa*

Beber

Bares de vinos

La Violeta
véase **41** **C4**

Los vinos naturales y las tapas recién hechas son las estrellas de este bar moderno y acogedor, con una terraza en la plaza. *11.00-24.00*

Can Paixano
60 **A3**

Los barceloneses llenan este bar de cavas por su espumoso rosado asequible y su delicioso picoteo. *12.00-22.00 ma-sa*

Perikete
61 **A3**

Bar de vinos con una terraza, donde concederse toda suerte de tapas clásicas cerca del puerto deportivo. *12.00-24.00*

Café de especialidad

Frutas Selectas
véase **22** **D2**

Descubrir los perfiles de sabor del café en el tostadero y cafetería de Nømad en el Poblenou, que también vende bollería y panes. *8.30-18.00 lu-vi, desde 10.00 sa*

Lugares para una cerveza

La Cervesera del Poblenou
 62 C2

Esta microcervecera del Poblenou, la primera taberna-cervecera de Barcelona, propone variedad de estilos y muchas opciones sin gluten. *17.00-1.00 do-ju, hasta 14.30 vi y sa*

Bar Leo
63 E7

Tasca de la Barceloneta siempre animada en fin de semana. *8.00-20.00 mi-sa, hasta 19.30 do y lu*

BlackLab
 64 B3

En el Palau de Mar que da al puerto deportivo, la primera microcervecería artesana de Barcelona sirve cervezas de barril propias y ofrece visitas a sus instalaciones los sábados. *Horario variable*

Garage Beer Co Poblenou
65 F2

El local de la Mar Bella de esta marca de cerveza artesana local es muy espacioso y tiene una carta de *pizzas*. *17.00-24.00 do-ju, hasta 1.00 vi y sa*

Garitos para unos cócteles

Balius
 66 E1

Empezar la noche en un banco corrido de un bar de *jazz* de luces tenues del Poblenou, con un aire de otra época y cócteles clásicos. *18.00-2.00 do-ju, hasta 3.00 vi y sa*

La Curandera
67 E8

Disfrutar de unos margaritas, micheladas y tacos en este animado garito mexicano de la Barceloneta. *13.00-23.00 lu y mi-ju, hasta 23.30 vi-do*

Madame George
68 E1

Elegante coctelería en una bocacalle de la Rambla del Poblenou. *Horario variable*

Comprar

Mercados

Mercat dels Encants
69 B1

Para buscar insólitas piezas *vintage* y antigüedades entre los trastos viejos de este extenso mercado de ocasión que además es una maravilla

arquitectónica. *9.00-20.00 lu, mi, vi y sa*

Mercat de la Barceloneta
70 C3

Inicialmente diseñado en 1884 por Antoni Rovira i Trias, tiene productos de temporada, paradas de pescado y marisco y bares y restaurantes concurridos. *7.30-14.00 lu-sa*

Mercat del Poblenou
71 F2

Mercado con ambiente de barrio e ingredientes frescos, desde platos de cocina para llevar a fruta, pescado, marisco y demás. *Horario variable*

Diseño en el Poblenou

Noak Room
72 D2

Esta tienda, que se especializa en muebles escandinavos *vintage* de las décadas de 1940 a 1970, también presenta piezas de diseñadores locales en su *showroom*. *11.00-14.00 y 17.00-21.00 ma-sa*

Ultra-Local Records
73 D2

Para curiosear entre los vinilos nuevos y de segunda mano en este artístico espacio de barrio. *16.00-20.30 lu-vi, 11.00-20.00 sa*

Sugerencias de lugares para comer, beber y comprar en **p. 124**

Explora
La Sagrada Família y L'Eixample

L'Eixample, con hoteles elegantes y *boutiques* de grandes firmas, se creó tras el derribo de las murallas medievales de Ciutat Vella, en la década de 1850, cuando la ciudad empezó su gran expansión. Detrás del revolucionario plan de la década de 1860 estaba el ingeniero y urbanista catalán Ildefons Cerdà, y los mejores arquitectos modernistas de Cataluña dejaron su impronta en todo el distrito. Definido por sus anchos bulevares y su trazado en damero, L'Eixample se divide en Dreta (derecha) y Esquerra (izquierda). Aquí también están muchos de los restaurantes y bares de prestigio de Barcelona, y el Gaixample, centro neurálgico del colectivo LGTBIQ+.

Cómo desplazarse

 A pie
L'Eixample es ideal para explorar a pie, con anchos bulevares y un número creciente de calles peatonalizadas gracias al proyecto Superilles.

En bicicleta
Se utiliza mucho; se puede alquilar una o reservar un circuito en bici a través de operadores con sede en Ciutat Vella como Bike Tours Barcelona.

Ⓜ Metro
Hay estaciones por todo el distrito, como Passeig de Gràcia, Catalunya y Diagonal. Además hay dos estaciones de trenes: Passeig de Gràcia (con los trenes de Rodalies) y Plaça de Catalunya (también con servicios suburbanos de FGC).

La Sagrada Família (p. 108).
DIEGO THETOWER/SHUTTERSTOCK ©

LO MEJOR

OBRA MAESTRA DE GAUDÍ
La Sagrada Família (p. 108)

JOYAS DEL MODERNISMO
Casa Batlló (p. 112)
y La Pedrera (p. 114)

VIDA NOCTURNA
Sips (p. 123) o el Gaixample
(p. 126)

GALERÍA DE ARTE
Fundació Antoni Tàpies
(p. 118)

COMIDA INOLVIDABLE
Disfrutar (p. 124) y Gresca
(p. 124)

105

Más información

Imprescindible ⭐ p. 108
Experiencias ✪ p. 118
Comer 🍴 p. 124
Beber 🍷 p. 126
Comprar 🛍 p. 127

GRÀCIA

C Gran de Gràcia
C del Torrent de l'Olla
C de Còrsega
C de Bonavista
C de la Riera de Sant Miquel
Ptge de Gràcia

SANT GERVASI

Entrepanes Díaz 40
Av Diagonal 69
Plaça del Cinc d'Oros

C de Tuset
C de Balmes
C de Sèneca
Via Augusta

Diagonal Ⓜ 28
Jardins del Palau Robert

La Pedrera 🔴

Av Diagonal

C d'Enric Granados 75
C de Londres
C de París
C d'Aribau 59
C de Corsega
C de Balmes

Església de Sant Ramon de Penyafort

Rambla de Catalunya 24
Ptge de la Concepció
Diagonal

Ptge de Gràcia 32
68
Ptge de Domingo

41
C de Muntaner 53

Provença Ⓜ
C de Provença

C de Mallorca

37 C de València

ESQUERRA DE L'EIXAMPLE

36
51
38
39

64 C d'Aragó
C de Balmes

Plaça del Doctor Ferrer Cajigal

C de Casanova

Hospital Clínic Ⓜ

Plaça del Doctor Letamendi

Jardins Ferran Soldevila

27 **Sips**
42

Mercat del Ninot 🏛
5
C de Casanova

C d'Aragó 35
62 Cosmo 25
21
C d'Enric Granados
71
C d'Aribau
63 C de Muntaner

C de Provença 31
C de Mallorca
C de Vilarroel

61 C del Comte d'Urgell
C de València
Av de Roma

56
74
33

65

60
C d'Aragó
34
C de Consell de Cent
C de la Diputació
Gran Via de les Corts Catalanes

E
F
G
H

C del Rosselló
6
C de Provença
11
C de Mallorca
30
La Sagrada Família
16
Plaça de Mossèn Jacint Verdaguer
17 Església de les Saleses
Verdaguer
Av Diagonal
Casa de les Punxes
13
C de Provença
1
C d'Aragó
C de Nàpols
C de Roger de Flor
Pg de Sant Joan

77
C de Girona
49
52
2
50
C de Roger de Llúria
C de Mallorca
C del Bruc
C de València
Flores Navarro
3 Mercat de la Concepció
7
C de Pau Claris
58
78
23
54
44
45
Plaça de Tetuan
18
47
Basílica de la Puríssima Concepció i Assumpció de Nostra Senyora
55
Girona
Tetuan
3
Norte
9
C del Consell de Cent
C de la Diputació
Casa Bonay
12 Frizzant
C de Casp
C de Bailèn
C de Girona
Jardins de la Torre de les Aigües
29
46
Passeig de Gràcia
Casa Batlló
10
1 Casa Lleó Morera
Casa Amatller
14
Mandarin Oriental
43
76
Gran Via de les Corts Catalanes
66
70
C del Bruc
57
4
2
Fundació Antoni Tàpies
DRETA DE L'EIXAMPLE
72
C de Pau Claris
C de Roger de Llúria
15 Casa Calvet
C d'Ausiàs Marc
Ronda de Sant Pere
Llibreria Finestres
22
Rambla de Catalunya
Jardins de la Reina Victòria
C de Casp
Pg de Gràcia
Plaça d'Urquinaona
Urquinaona
C de Trafalgar
5
19 Museu d'Art Prohibit
Ronda de Sant Pere
C de Fontanella
Urquinaona
73
Universitat de Barcelona
20
48
C de Balmes
Ronda de la Universitat
Plaça de Catalunya
C de Jonqueres
Via Laietana
Plaça de la Universitat
67
Catalunya
26
Catalunya
Av del Portal de l'Àngel
C Comtal
BARRI GÒTIC
6
Universitat
C de Bergara
C de Pelai
C de Santa Anna
C dels Tallers
Ronda de Sant Antoni
N
0   200 m
EL RAVAL
Boadas
La Rambla

E
F
G
H

107

La Sagrada Família

La **Sagrada Família** del genio modernista Antoni Gaudí, aún en construcción más de 140 años después de que se colocara la primera piedra, deja atónito a todo el mundo. Pese a las aglomeraciones, nadie debería perderse esta maravilla, declarada Patrimonio Mundial, con un batallón de torres que rozan el cielo, esculturas detalladas y una fluidez formal inspirada en la naturaleza.

PLANO: P. 106 **F1**

CONSEJO

Comprar en línea todas las visitas y entradas (que incluyen una audioguía descargable). Al ser un lugar de culto, se ruega vestir con discreción.

Escanea este código QR para horarios, precios, entradas, visitas guiadas y demás.

Historia sagrada

Las obras del templo expiatorio de la Sagrada Família empezaron en 1882. Tras sustituir al primer arquitecto Francisco de Paula del Villar y Lozano en 1883, Gaudí pasó 43 años trabajando en el templo, considerándola una misión sagrada e incluso aportando dinero de su propio bolsillo. Su intención era concebir un templo de 95 m de largo y 60 m de ancho, con capacidad para 13 000 personas.

Muchos opinan que las actuales obras de construcción –basadas en las pocas maquetas originales de Gaudí que sobrevivieron a la Guerra Civil– no se ajustan a la visión inicial del arquitecto. Además, están las molestias que causan las obras a los vecinos, muchos de ellos aún preocupados por la gigantesca escalinata que hay que construir y que, en teoría, obligaría a derribar varias manzanas.

La finalización de toda la obra está prevista para el 2034.

18 torres

Cuando el edificio principal esté terminado tendrá 18 torres, que representan a los Doce Apóstoles, los Cuatro Evangelistas, la Virgen María y Jesucristo. La Torre de Jesús (está previsto que se termine en el 2026), alcanzará 172,5 m (con su ascensor) y es-

STEFANODEANG/SHUTTERSTOCK ©

tará coronada por una cruz gaudiniana de cuatro brazos. La Torre de la Mare de Déu (138 m), completada en el 2021, está rematada por una estrella de 12 puntas. Las torres de los Evangelistas se inauguraron en el 2023, pero las cuatro torres de la Façana de la Glòria (fachada de la Gloria) aún deben construirse.

Façana del Naixement

Se suele empezar la visita delante de la Façana del Naixement (fachada del Nacimiento), cuyo conjunto escultórico es espectacular. Es la más antigua de las tres monumentales fachadas de la basílica y fue supervisada por Gaudí, quien empleó enmoldados de yeso de vecinos de la zona para las esculturas y la diseñó para expresar "la esperanza y la alegría de vivir". El portal representa, de izquierda a derecha, la Esperanza, la Caridad y la Fe, y está coronado por un verde ciprés,

UNA PAUSA
Se puede tomar algo en locales como **Gigi Von Tapas** (tapas creativas) o **Three Marks** y **Blackbird** (café fabuloso).

ESQUIVAR A LAS MULTITUDES

La Sagrada Família es el monumento más visitado de España (más de 4,7 millones de visitantes en el 2023). En invierno y, a veces, cuando se acerca la hora del cierre o entre semana, hay menos gente.

símbolo de la vida y la resurrección. Algunas figuras quedaron dañadas durante la Guerra Civil pero han sido restauradas por el arquitecto japonés Etsuro Sotoo, quien se ha inspirado en Gaudí.

En el lado derecho (norte), el claustro del Roser es una mini creación neogótica de 1897 considerada el manual de Gaudí para futuros constructores.

Interior y cripta

El interior de la basílica forma un bosque de extraordinarias columnas oblicuas, bañado por la balsámica luz amarilla, azul, roja y verde que proyectan los vitrales del artista catalán Joan Vila-Grau quien se basó en los planos de Gaudí. Todo el espacio se convierte en un ondulante dosel arbóreo, tal y como Gaudí lo visualizó. La

YINGNA CAI/SHUTTERSTOCK ©

cripta neogótica situada más abajo (abre solo para las misas) es la parte más antigua del edificio, completada casi toda antes de que Gaudí se hiciera cargo del proyecto; el propio Gaudí fue enterrado aquí en 1926.

Façana de la Passió y Façana de la Glòria
Terminada en el 2018, la Façana de la Passió (fachada de la Pasión) representa los últimos días y la muerte de Jesucristo y, en su mayor parte, es obra reciente del escultor Josep Maria Subirachs y lleva su sello inconfundible, aunque adquirió su forma principal entre 1954 y 1978. Gaudí quería que esta fachada fuera austera, "para inspirar temor", así lo dijo en su día. La interpretación angular que Subirachs hizo creó en su día polémica. El conjunto escultórico principal se reparte en tres niveles en una secuencia ascendente en forma de S, desde la Última Cena (abajo izda.) al entierro de Jesucristo (arriba dcha.). Se puede ver al evangelista con la cara de Gaudí en la escena conocida como la Verónica.

La Façana de la Glòria, que da al Carrer de Mallorca, será en un futuro la entrada principal a la basílica, la más gloriosa.

Escoles de Gaudí y Museu Gaudí
El pequeño edificio que recuerda a La Pedrera, al lado de la Façana de la Passió, son las Escoles de Gaudí, escuela construida para los hijos de los obreros de la basílica en 1909. El excelente Museu Gaudí ofrece una visión única de la mente, inspiración y vida del arquitecto.

Circuitos guiados y visitas a la torre
La visita guiada oficial de 50 min (apta para personas en sillas de ruedas) es una fabulosa introducción al edificio. Otra experiencia maravillosa es subir a las (vertiginosas) torres de las fachadas del Naixement o de la Passió, en ascensor y escaleras.

ANTONI GAUDÍ
Antoni Gaudí i Cornet nació en 1852, en Reus, y empezó aprendiendo el trabajo de la forja para acabar licenciándose en arquitectura en Barcelona en 1878. Era católico, vegetariano toda la vida y nacionalista catalán, y nunca se casó. Gaudí murió atropellado por un tranvía en 1926, cuando aún no se había terminado ni una cuarta parte de la Sagrada Família.

Casa Batlló

En una ciudad donde el nivel arquitectónico es elevado, la **Casa Batlló,** Patrimonio Mundial de la Unesco, es uno de los edificios más bonitos. Construida entre 1904 y 1906, es una obra totalmente gaudiniana, desde la fantasiosa fachada con sus abultados balcones 'óseos' a los novedosos experimentos con la luz y las formas arquitectónicas.

PLANO: P. 106 **E4**

CONSEJOS
Comprar la entrada en línea para que salga más económica y evitar colas. Para evitar aglomeraciones, se puede visitar poco antes de la hora del cierre o a primera hora.

Escanea este código QR para horarios, entradas, visitas guiadas y demás.

Vista desde la calle

La Casa Batlló es la remodelación ingeniosa de un edificio de 1877. Basta con contemplar la fachada para entender por qué se la llama "una casa viviente". Una caprichosa visión azulejada en *trencadís* malva, azul y verde crea un lienzo ondulante del que sobresalen finas columnas de piedra y balcones en forma de máscara y de color marfil. El famoso tejado 'escamado' que evoca un dragón representa, según dicen, a Sant Jordi (san Jorge) y el dragón.

Sala principal y terraza posterior

Se mire por donde se mire, el edificio está definido por formas suaves y naturales, sin apenas líneas rectas. Una escalera de caracol sube al salón principal de la 1ª planta, donde grandes ventanales ondulados de madera dan al **Passeig de Gràcia** y el techo se arremolina en torno a una araña de luces, en alusión a la fuerza del mar. La terraza trasera esconde 300 piezas revestidas de *trencadís* en un patio interior. Desde aquí, se pasa a un patio de luces de distintos tonos de azules, que crea la sensación de ola en movimiento. Gaudí lo revistió de azulejos azules más oscuros en la parte superior y más claros en la inferior, con ventanas más grandes abajo y otras más pequeñas arriba, para que la luz natural llegara a cualquier rincón. Luego se

LUIS RAFAEL CASTR/SHUTTERSTOCK ©

visita el desván, donde Gaudí emplazó una zona de servicios y 60 arcos catenarios.

Azotea y experiencias inmersivas

El asombroso tejado, construido como si fuera el lomo de un dragón, tiene varias chimeneas revestidas de *trencadís*. Cuando el visitante camina por él, los azulejos parecen cambiar de color como si de escamas se tratara. La torreta está coronada con una cruz gaudiniana de cuatro brazos que representa la empuñadura de la espada de Sant Jordi. De primavera a otoño se programan conciertos en la azotea (comprar la entrada con tiempo).

Una galardonada rehabilitación ha añadido una vanguardista y contemporánea capa al conjunto: la Gaudí Dôme, una creación multimedia sensorial en las antiguas carboneras, y el Gaudí Cube, de Refik Anadol, artista digital turco-estadounidense.

UNA PAUSA
Adentrarse en el corazón del barrio para probar platillos de un nivel superior en **Compartir Barcelona** o exquisitas tapas de pescado y marisco en **Besta.**

La Pedrera

Esta obra maestra de Antoni Gaudí, Patrimonio Mundial de la Unesco, se construyó entre 1905 y 1910 como bloque de viviendas y de oficinas. Llamada Casa Milà, es más conocida como **La Pedrera** por su ondulante fachada de piedra gris. El uso que Gaudí hace del espacio, la luz, la decoración y la funcionalidad es asombroso.

PLANO: P. 106 **D2**

CONSEJO

Comprar las entradas en línea para ahorrar colas y unos euros; las entradas estándar incluyen una videoguía. Entre las visitas guiadas hay rutas accesibles.

Escanea este código QR para entradas, horarios y demás detalles prácticos.

Fachada y patios

El político y empresario Pere Milà encargó el edificio, pero la propiedad era en realidad de su acaudalada esposa Rosario Segimon. Gaudí esperaba superar todo lo creado en L'Eixample, incluso sus propias obras. La Pedrera rompió moldes arquitectónicos, aunque en su momento fue muy criticada y ridiculizada.

Para crear su famosa fachada ondulada se trajeron más de 600 bloques de piedra de diferentes partes de Cataluña. La pared sinuosa de piedra recuerda la de un acantilado erosionado por los elementos, mientras las onduladas barandillas de hierro forjado de los balcones parecen algas arrastradas hasta la orilla. Los interiores se distribuyen alrededor de dos patios de formas orgánicas, que inundan de luz natural y ventilan las viviendas, y que se abren hacia fuera conforme suben. Gaudí los concibió como fachadas interiores, sin escatimar detalles en la intrincada forja de los balcones, los murales de inspiración natural y la escalera puente.

El Pis de la Pedrera y Espai Gaudí

Desde los patios, las visitas guiadas suben hasta un apartamento original de la 4ª planta. Uno de sus elementos clave es la ingeniosa manera en que

JAROSLAV MORAVCIK/SHUTTERSTOCK ©

Gaudí cuidó la combinación de espacios funcionales con ornamentación imaginativa, desde los pomos de las puertas hasta las molduras. El último piso es un festival de 270 arcos catenarios de ladrillo rojo que parece el costillar de un animal.

Azotea y conciertos

Salir a la deslumbrante azotea de día evidencia la creatividad de Gaudí en su combinación de formas revolucionarias y de funcionalidad práctica. Al pasear por esa terraza que parece subir y bajar se pasará por chimeneas, cajas de escalera y torres de ventilación de tonos arenosos que recuerdan a caballeros medievales. Algunas están revestidas con *trencadís* blanco o culos y cuellos de botellas de cava, visibles desde la calle. En verano se programan conciertos en la azotea.

UNA PAUSA
Cruzar la Avinguda Diagonal, una manzana al norte, para unas tapas catalanas superiores en el **Bar Mut** o en **Entrepanes Díaz.**

🚶 CIRCUITO A PIE

Modernismo en L'Eixample

El modernismo dejó muchas joyas aparte de los edificios más emblemáticos de Gaudí, y L'Eixample está lleno de creaciones de contemporáneos suyos como Lluís Domènech i Montaner, Josep Puig i Cadafalch, Enric Sagnier, entre otros. Este recorrido por la mitad norte del distrito permite conocer maravillas modernistas menos conocidas.

INICIO	FINAL	DURACIÓN
Casa Sagnier	Palau Macaya	2 km; 1 h

❶ Estudio de un arquitecto

En la Rambla de Catalunya, el estudio y vivienda de inspiración gótica de Enric Sagnier es de 1892; ahora alberga la **Casa Sagnier,** un hotel-*boutique* con un bonito bar de vinos y tapas. Después hay que subir 300 m por la Rambla de Catalunya.

❷ Rostros famosos

En lo alto de la Rambla de Catalunya se verá la neogótica **Casa Serra,** de 1908, diseñada por Josep Puig i Cadafalch. La fachada está adornada con bustos de personajes célebres creados por Eusebi Arnau y Alfons Juyol (a ver quién puede localizar a Miguel de Cervantes).

❸ Guiños a Gaudí

A 400 m al este por la Avinguda Diagonal está la **Casa Comalat,** de Salvador Valeri, una preciosidad de 1911 de influencia gaudiniana. Tiene dos fachadas: una delantera con balcones ondulados, puerta de madera con forja de hierro y tejado a modo de ola; y otra trasera, en el Carrer de Còrsega, mucho más interesante y de inspiración gaudiniana.

❹ Mirar hacia arriba

Más Puig i Cadafalch aguarda en el **Palau del Baró de Quadras,** de 1906 e inspiración gótica, que recuerda a su obra maestra del Passeig de Gràcia, la **Casa Amatller.**

❺ Ecos medievales

Una manzana más al este, se distinguirán las torres 'medievales' de la **Casa de les Punxes** (casa de los pinchos). También concebida por Puig i Cadafalch, en 1905, se llama oficialmente Casa Terrades y debe su sobrenombre a sus puntiagudas torres.

❻ Escalinata palaciega

Hay que bajar 300 m hacia el sur hasta el **Palau Ramon Montaner,** de 1893, de Lluís Domènech i Montaner. El edificio es más espectacular por dentro, con su señorial escalinata, pero solo se puede ver en visitas guiadas muy puntuales.

❼ Formas naturales

Se cruza la calle hasta una de las primeras obras de Domènech i Montaner, la **Casa Thomas,** construida entre 1895 y 1898, con figuritas de reptiles y motivos florales, signos de identidad inconfundibles del arquitecto. Quien lo desee, puede desviarse 400 m para pasar por el **Mercat de la Concepció** y la **Casa Llopis i Bofill,** un edificio residencial de Antoni Gallissà.

❽ Floritura final

La ruta termina tras recorrer 400 m, cruzando la Diagonal, frente al **Palau Macaya,** de 1901, de Puig i Cadafalch, una de las joyas modernistas más infravaloradas de Barcelona, en la parte superior del Passeig de Sant Joan.

EXPERIENCIAS

Embobarse en la Manzana de la Discordia

ARQUITECTURA

PLANO: **1** P. 107 **E4**

Las tres casas del Passeig de Gràcia entre el Carrer del Consell de Cent y el Carrer d'Aragó dieron a esta manzana el jocoso nombre de Manzana de la Discordia. La **Casa Batlló** (p. 112), de Gaudí, está inspirada en la naturaleza y no hay que perdérsela, igual que sus casas vecinas. La **Casa Amatller,** de Puig i Cadafalch, combina arquitectura urbana gótica, renacentista y holandesa, y la **Casa Lleó Morera,** de Domènech i Montaner, cuenta con una fachada muy ornamentada y ahora alberga una tienda de Loewe. Los tres edificios fueron remodelados entre 1898 y 1906, y demuestran lo ecléctico que fue el modernismo.

Aparte de inmuebles, otro trazo característico del Passeig de Gràcia son sus **32 bancos-farola modernistas,** diseñados por Pere Falqués i Urpí. Y hay que mirar donde se pisa para apreciar el característico **suelo de baldosas** hexagonales grises, cuyo diseño fue una creación de Gaudí en 1904.

Desentrañar el arte de Tàpies

GALERÍA

PLANO: **2** P. 107 **E4**

La **Fundació Antoni Tàpies** (lu cerrado), la mayor colección del artista Antoni Tàpies, es además uno de los primeros edificios modernistas, construido en la década de 1880 en plena Esquerra de L'Eixample. Fue proyectado por Domènech i Montaner para la editorial Montaner i Simón, combinando un armazón de hierro revestido de ladrillo con decoración de inspiración islámica. En 1990 reabrió sus puertas como la Fundació Antoni Tàpies, con la enmarañada instalación *Núvol i Cadira (Nube y silla)* de Tàpies en la azotea. El artista, conocido por su obra espiritual, murió a los 88 años de edad en el 2012, dejando tras de sí más de 2000 pinturas y una fundación destinada a promover a los artistas contemporáneos. Las visitas son con audioguía y material de apoyo para entender mejor la complejidad creativa de Tàpies. Las exposiciones cambian con regularidad.

Disfrutar de una mañana en el mercado

MERCADO

Para participar de la vida de barrio, se puede entrar en los concurridos y poco turísticos mercados de barrio de L'Eixample *(cerrados sa tarde y do).* El **Mercat de la Concepció** (PLANO: **3** P. 107 **F2**) de la Dreta de L'Eixample es un elegante edificio revestido de hierro creado en 1888 por el arquitecto Antoni Rovira i Trias y era parte de una hornada de mercados cubiertos que tomó forma a finales del s. XIX como parte de la expansión urbana de Barcelona. Las paradas están llenas de productos frescos, pero es más conocido por sus floristerías, como

Flores Navarro (PLANO: **4** P. 107 **F2**), fundada en 1960. Se podría almorzar en la vecina **Casa Amàlia.**

En la Esquerra de L'Eixample, el restaurado **Mercat del Ninot** (PLANO: **5** P. 106 **B5**) conserva su estructura de metal original de 1933 y alberga desde hace tres décadas el **Bar Ket,** célebre por sus bocadillos de tortilla. Hay otros mercados menos conocidos, como el **Mercat Sagrada Família** (PLANO: **6** P. 107 **F1**), a una manzana de la obra maestra de Gaudí, de 1993, y el **Mercat del Clot** (PLANO: **7** P. 107 **H2**), de 1889, al este de L'Eixample.

Descubrir a Gaudí de la mano de arquitectos locales   CIRCUITO

Además de su naturaleza colorista y llamativa, la obra de Antoni Gaudí es compleja e infinitamente poliédrica. Una manera estimulante de descubrir su desbordada imaginación es en un circuito guiado por un arquitecto local que ayuda a entender las complejidades del modernismo y la visión revolucionaria del arquitecto catalán. **Barcelona Architecture Walks** (*barcelonarchitecturewalks.com*) ofrece rutas guiadas por arquitectos en activo y profesores de arquitectura, como la excelente Barcelona & Gaudí: 3 h de paseo por L'Eixample, saltando entre obras emblemáticas y menos conocidas de Gaudí, junto a edificios de otros arquitectos modernistas.

VIDA LOCAL: DRETA DE L'EIXAMPLE
Inés Miró-Sans, fundadora del **hotel Casa Bonay** (@casabonay, PLANO: **8** P. 107 **H3**), nos guía por la Dreta de L'Eixample durante un día.

Si me encanta la Dreta de L'Eixample es, en parte, por la oferta gastronómica del barrio. Mi día perfecto aquí sería empezar con un café en **Funky Bakers** (p. 125) y después dar un paseo contemplando los edificios del Carrer de Casp, Ausiàs Marc y calles aledañas. Acto seguido, me acercaría a **Norte** (PLANO: **9** P. 107 **G3**) para almorzar comida casera sencilla en la terraza; es como comer en casa de un amigo que sabe cocinar muy bien. También me gusta comprar alimentos en el **Colmado Múrria** (p. 127), y con suerte hasta podría cenar en el restaurante japonés **Sato i Tanaka** (p. 125).

Explorar la Casa Amatller   ARQUITECTURA

PLANO: **10** P. 107 **E4**

Para un acercamiento genuino al modernismo, no hay que perderse la **Casa Amatller,** la obra maestra de Puig i Cadafalch. Colindante con la **Casa Batlló** (p. 112) de Gaudí, el edificio original de 1875 fue remodelado entre 1898 y 1900 por encargo del empresario chocolatero Antoni Amatller. El hastial escalonado recuerda la arquitec-

ENTRENO AL AIRE LIBRE
Hay que salir pronto en fin de semana para encontrarse con los deportistas de L'Eixample que aprovechan el buen tiempo para hacer ejercicio al fresco. Apuntarse a un entreno es una forma divertida de conocer a los vecinos, pero hay muchas actividades para las que no hace falta reservar, también en azoteas de edificios muy conocidos y con vistas encomiables. El estudio local de yoga **Frizzant** (PLANO: **12** P. 107 **H3**) ofrece sesiones en entornos panorámicos, como en la azotea de la modernista **Casa de les Punxes** (PLANO: **13** P. 107 **E1**; ahora un espacio de *co-working*) y el lujoso hotel **Mandarin Oriental** (PLANO: **14** P. 107 **E4**) en el Passeig de Gràcia.

Pasear por un hospital modernista ARQUITECTURA

PLANO: **11** P. 107 **F1**

En el **Recinte Modernista de Sant Pau,** Lluís Domènech i Montaner se superó a sí mismo. Este antiguo hospital, construido entre 1902 y 1930, fue declarado Patrimonio Mundial por la Unesco junto con el **Palau de la Música Catalana** (p. 76), y es una joya modernista de primer orden. El complejo de 27 edificios, inicialmente el Hospital de la Santa Creu i de Sant Pau, fue uno de los hospitales más importantes de Barcelona durante años, hasta que fue reconvertido en centros culturales, oficinas y un monumento en el 2009. Diseñado concienzudamente para animar a los pacientes, está distribuido alrededor de un patio central y cuenta con 16 pabellones luminosos, adornados con azulejos, arcos, ladrillo rojo y vitrales. Se puede recorrer el recinto con audioguía o en visitas guiadas de 90 min.

De bailoteo por el Gaixample EPICENTRO LGTBIQ+

La zona de la Esquerra de L'Eixample que queda al norte de la Gran Via de les Corts Catalanes y al oeste de la Rambla de Catalunya se conoce como "Gaixample" y es el divertido epicentro de la escena LGTBIQ+ de Barcelona, con muchos bares, restaurantes, librerías y banderas arcoíris. Toda la movida empezó aquí en la década de 1990 y se concentra en la cuadrícula formada entre las calles Aragó, Gran

tura urbana medieval del norte de Europa, pero el edificio también reinterpreta la arquitectura catalana románica y gótica. La fachada está adornada con relieves de figuras como Sant Jordi y el dragón del escultor modernista Eusebi Arnau. El elaborado vestíbulo, con puertas de vidriera, un ascensor antiguo y un azulejado andaluz, se puede ver gratis. Hay que comprar entrada para visitar el piso principal (1º), con audioguía (45 min) o en un circuito guiado de 1 h.

Via, Balmes y Comte Urgell (ver los mejores lugares de ocio nocturno en p. 126). A finales de junio o principios de julio, Barcelona acoge su **festival Pride** (*pridebarcelona.org*) con dos semanas de conciertos, fiestas, eventos culturales y un desfile del Orgullo el sábado.

Detenerse para contemplar un Gaudí ARQUITECTURA

PLANO: **15** P. 107 **G4**

A dos manzanas del Passeig de Gràcia, en el Carrer de Casp, la **Casa Calvet,** de inspiración barroca, es una de las obras más tempranas y convencionales de Gaudí. Hoy es una finca privada a la que no se puede entrar, pero la impronta de Gaudí ya se detecta en la fachada. El industrial textil Pere Màrtir Calvet la encargó construir entre 1898 y 1900 como vivienda privada, reservando la planta baja para comercios locales. Para tratarse de una obra de Gaudí, el edificio es sencillo y simétrico, con un estilizado contorno, protuberantes balcones de hierro forjado y dos remates ornamentales. En lo alto del edificio se pueden distinguir las cabezas de tres santos.

Dar una vuelta por el Passeig de Sant Joan CALLE

Al este de L'Eixample, el **Passeig de Sant Joan,** que se extiende desde el Parc de la Ciutadella hasta los márgenes de Gràcia, gusta mucho para dar un paseo. Últimamente se han instalado cafés, restaurantes y bares elegantes que colindan con los bares informales de toda la vida. Siempre hay mucha vida, con gente que pasea a sus perros, corre o se relaja con un café, unas tapas o un vermú. Desde la **Plaça de Mossèn Jacint Verdaguer** (PLANO: **16** P. 107 **G1**) en el extremo norte (que recuerda al poeta catalán del s. XIX Jacint Verdaguer con una escultura *noucentista* de 1912), hay que ir paseo abajo, pasando por la neogótica **Església de les Saleses** (PLANO: **17** P. 107 **G1**), diseñada por Joan Martorell i Montells, profesor de arquitectura de Gaudí, y la arbolada **Plaça de Tetuan** (PLANO: **18** P. 107 **H2**), con una escultura de Josep Llimona, hasta llegar al Arc de Triomf (p. 77).

Visitar el Museu d'Art Prohibit GALERÍA

PLANO: **19** P. 107 **E5**

La Casa Garriga Nogués, construida por Enric Sagnier entre 1902 y 1905 y restaurada con mucho gusto, ahora acoge el **Museu d'Art Prohibit,** cuya colección de arte censurado suscitará interesantes debates. Al final de una curva escalinata de mármol aguarda un mundo casi escalofriante de arte de los ss. XVIII-XXI –pintura, escultura, fotografía, instalaciones– que ha sido prohibido a lo largo de los años, por motivos religiosos, políticos o sociales. De sus maravillas destacan las piezas de algunos de los artistas más famosos del mundo, como Goya, Picasso o Andy Warhol. Solo expone parte de las 200 piezas de la colección permanente.

Ver la universidad histórica de Barcelona UNIVERSIDAD

La sede de la **Universitat de Barcelona** (PLANO: **20** P. 107 **E6**) regala un oasis de paz al concurrido sur de L'Eixample. Ya en el s. XVI había una universidad donde hoy está la parte alta de La Rambla, pero no fue hasta el s. XIX que el arquitecto Elies Rogent creó el edificio que aún hoy se utiliza en la Gran Via de les Corts Catalanes. La espectacular mezcla arquitectónica bebe de los estilos románico, gótico, mudéjar e islámico. Se puede visitar libremente el columnado vestíbulo principal, los claustros con galerías porticadas y los **Jardins Ferran Soldevila** (PLANO: **21** P. 106 **D5**), del s. XIX.

Saborear la Barcelona literaria LITERATURA

PLANO: **22** P. 107 **E5**

Barcelona ha inspirado a infinidad de escritores, desde Mercé Rodoreda a George Orwell. El rico patrimonio literario de la ciudad se ve en las librerías de L'Eixample, algunas con cafés y una programación regular de actos. Gratificante es la **Llibreria Finestres,** emplazada en un edificio de Enric Sagnier de principios del s. XX rediseñado con muy buen gusto. Cada 23 de abril, el mundo literario barcelonés explota con motivo de la **Diada de Sant Jordi:** hay puestos de libros en el Passeig de Gràcia y por toda

la ciudad, la gente se regala libros y rosas rojas y edificios como la **Casa Batlló** (p. 112) se decoran con rosas.

Descubrir la arquitectura medieval religiosa IGLESIA

Tras el derribo de la muralla medieval de Barcelona en el s. XIX, se trasladaron unas cuantas iglesias antiguas piedra a piedra desde Ciutat Vella hasta L'Eixample. En el Carrer d'Aragó, se puede entrar en la **basílica de la Puríssima Concepció i Assumpció de Nostra Senyora** (PLANO: **23** P. 107 **F3**), del s. XIV, para ver su claustro del s. XV o XVI, junto con el campanario que aúna los estilos románico y gótico y que pertenecía a otra iglesia que no sobrevivió. En la parte alta de la Rambla de Catalunya, se verá la **Església de Sant Ramon de Penyafort** (PLANO: **24** P. 107 **C3**), una iglesia gótica de los ss. XIV-XV; el arquitecto Joan Martorell creó la fachada neogótica que se puede ver hoy.

Disfrutar de los mejores cócteles del mundo VIDA NOCTURNA

En los últimos 10 años, Barcelona se ha convertido en uno de los mejores destinos cocteleros del mundo. La ciudad cuenta con una historia coctelera de más de un siglo, cuando el famoso bar **Boadas** (PLANO: **26** P. 107 **G6**) empezó a preparar daiquiris en una bocacalle de La Rambla. Hace poco tiempo que la magia coctelera ha explosionado, con la llegada a la ciudad de los mejores mixólogos del mundo. Y da la casualidad que algunas de las mejores coctelerías de Barcelona están en L'Eixample. De poder ir solo a una, que sea **Sips** (PLANO: 27 P. 106 **B5**), el mejor bar del mundo en los World's 50 Best Bar del 2023; se recomienda reservar con antelación una mesa en la fabulosa *drinkery house,* donde la mixología alcanza nuevas cotas, con creaciones como negronis de bergamota servidos en cristalería artesanal con hielo que no se derrite. Los cocteleros Simone Caporale y Marc Álvarez también llevan la 'trastienda' del Sips, conocida como Esencia, donde sirven menús degustación de cócteles.

Relajarse en refugios verdes
PARQUE, JARDÍN

Pasear por L'Eixample puede llegar a agobiar, pero hay pulmones verdes (gratuitos) muy queridos en el barrio donde refugiarse del ajetreo. En el extremo norte del Passeig de Gràcia, hay que atravesar el neoclásico Palau Robert para sentarse bajo los árboles de los **Jardins del Palau Robert** (PLANO: 28 P. 106 **C2**). A 5 min al este por una bocacalle del Passeig de Gràcia, los **Jardins de la Torre de les Aigües** (PLANO: 29 P. 107 **F3**), escondidos en el interior de una manzana de L'Eixample, cuentan con bancos a la sombra y una torre de agua del s. XIX. Bordeando el margen noroccidental de L'Eixample y el extremo norte del Poblenou, el **Parc de les Glòries** (PLANO: 30 P. 107 **G1**) forma parte del gran proyecto Superilles para crear

ESCENA ARTÍSTICA: ESQUERRA DE L'EIXAMPLE

PLANO: 25 P. 106 **D5**

Joel Miñana, ilustrador de Barcelona y profesor de diseño, nos guía por los espacios creativos que más le gustan en uno de los epicentros del arte de Barcelona. @joelminana

LAB-ART Studio Fascinante taller de enmarcación y galería, con todo tipo de marcos de diferentes períodos y estilos.

Objeto de Deseo La primera galería de objetos de decoración de Barcelona, una colección especial y ecléctica de piezas de diseño.

Biblioteca Fundació Antoni Tàpies (p. 118) Un lugar donde perderse en la conocida Fundació Antoni Tàpies. Con reserva previa, se puede visitar la biblioteca del 2º piso.

ADN Galería Galería atrevida y contemporánea donde descubrir a jóvenes artistas.

Cosmo Café-galería y espacio de diseño donde coinciden arte y gastronomía.

un distrito más verde y peatonal. El parque, aún en obras (pero con una parte abierta al público), está ocupando poco a poco una zona viaria otrora muy transitada con 2 Ha de espacio verde, que incluye un extenso prado con tumbonas.

Lo mejor para...

€ Económico €€ Medio €€€ Alto

Localizaciones en
el plano de la **p. 106**

Comer

Alta cocina

Disfrutar €€€

31 A5

Con tres estrellas
Michelin en el 2024, este
restaurante chic lo llevan
tres chefs formados en
El Bulli: Mateu Casañas,
Oriol Castro y Eduard
Xatruch. *12.45-14.00
y 19.45-21.00 lu-vi*

Lasarte €€€

32 D3

El famoso chef Martín
Berasategui está a los
fogones de este tres
estrellas Michelin. *13.00-
15.00 y 20.00-22.00 mi-sa*

Mont Bar €€€

33 D6

Restaurante tipo bistró
con estrella Michelin;
también lleva el **Media-
manga,** al lado. *13.00-
14.00 y 19.00-22.00 ma-sa*

Cinc Sentits €€€

34 C6

Los menús de cocina de
mercado de raíz catalana
de Jordi Artal han ganado

dos estrellas Michelin.
Horario variable

Platillos:
Esquerra de L'Eixample

Pepa €€

35 C5

Una librería repensada
es el marco donde sirven
platillos de estilo creativo
junto con vinos naturales.
Horario variable

Gresca €€

36 C4

La cocina de planta
abierta es el centro
de este local tipo bistró.
Rafa Peña reinventa los
productos de temporada
y los acompaña con vinos
naturales. *13.00-15.30
y 20.00-22.30*

Compartir Barcelona
€€€

37 D4

Del mismo equipo que
el **Disfrutar,** este gusta
por sus platillos de temporada, con cartas revolu-
cionarias. *13.00-15.00 y
20.00-22.00 ma-sa*

Besta €€

38 C4

Menús que aúnan cocina
catalana y gallega; el
equipo también lleva

el popular **Batea.** *Horario
variable*

Albé €€

39 C4

Fabulosos platos de
temporada con un giro
libanés, para compartir.
Vinos excelentes. *Horario
variable*

Tapas y bares
de 'pintxos'

Bar Mut €€

40 D1

Este local de tintes clá-
sicos propone elegantes
tapas de temporada y una
carta que cambia; también
lleva el **Díaz,** justo
delante. *13.00-24.00*

El Velódromo €€

41 A3

Restaurada taberna
art déco de la que ahora
se encarga la cervecera
Moritz, con una carta de
tapas concebidas por el
chef Jordi Vilà. *7.30-1.00*

Taktika Berri €€

42 C5

Mitad bar y mitad restau-
rante, sirve algunos de
los mejores *pintxos* de
la ciudad. *13.00-16.00 y
20.00-23.00 lu-vi, 13.00-
16.00 sa*

Tapas 24

43 F4

Famoso por las versiones *gourmet* de clásicos como el *bikini* (sándwich de jamón y queso), las tapas de Carles Abellán están siempre ricas. *12.00-24.00*

Platillos:
Dreta de L'Eixample

Betlem

44 G2

En un edificio de 1892 readaptado, este favorito del barrio con terraza sirve tapas de mercado con arte pero sin complicaciones. *12.00-24.00*

Bodega Bonay

véase **8** H3

El chef Giacomo Hassan sorprende con sus platillos italo-catalanes que cambian cada temporada en esta bodega de Casa Bonay. *13.00-15.30 y 20.30-22.45*

'Brunch'

Funky Bakers

45 G2

Café de inspiración de Oriente Medio, con café tostado en Barcelona, *babkas* (pan dulce), *brunches* y delicatesen para llevar. *Horario variable*

Boro Bar

46 G3

Café-bar de diseño para desayunar unas tostadas y *brunches* los fines de semana; ideal para unas

---

tapas imaginativas, unas copas y el menú del día. *9.00-24.00*

Ugot Bruncherie

véase **34** C6

Lugar animado donde disfrutar de un *brunch* con torrijas y diferentes versiones de huevos Benedict. *9.00-16.00*

Lulu & Flyn

47 H3

Fabulosos *brunches*, café de especialidad, vinos naturales y terraza en el Passeig de Sant Joan; también en el Born. *9.00-21.00*

Vegetariana y vegana

Veggie Garden

48 E6

Thalis indios, burritos de *seitan* especiado y demás platos veganos con un toque internacional, cerca de la Universitat; también en el **Raval** (p. 61). *12.30-23.00*

Fat Veggies

49 G2

Local molón con cocina vegetariana divertida (apio nabo con *dukkah*, tacos de temporada) y un ambiente animado. *13.00-23.00*

Xavier Pellicer

50 E2

Las verduras ecológicas, especiadas con imaginación, encandilan en esta "cocina saludable". *Horario variable*

Gatblau

véase **34** C6

Popular restaurante con menús ecológicos, sabores atrevidos y vinos naturales. *13.00-15.30 mi-sa, 20.30-22.30 ma-sa*

Espacios internacionales

Pocha

51 B4

Comida callejera coreana muy popular, con creativas tortitas de *kimchi*, *jjigae* y otros platos favoritos. *13.30-16.30 y 20.00-24.00 mi-do*

Parking Pizza

52 H2

Pizzas al horno de leña, pasta cremosa y charcutería italiana; también gestiona el **Parking Pita** (flautas, humus). *13.00-16.00 y 20.00-23.00 lu-vi, 13.00-23.00 sa y do*

Viet Kitchen

53 B4

Animado restaurante creado por un dúo vietnamita-italiano que sirve comida callejera casera: *pho*, *bún bò* y curris aromáticos. *13.00-16.00 y 20.00-23.00*

Sato i Tanaka

54 F3

Gran restaurante japonés, con menús degustación con fantástica relación calidad-precio y una barra con asientos encarados

125

a la cocina. *13.00-15.00 y 20.30-23.00 ma-sa*

Cocina catalana

Cafè del Centre
55 G3

Café-bar modernista que no para desde 1873; un lugar elegante para cocina catalana ligeramente creativa, vinos de la tierra y vermut. *12.00-hasta tarde*

Gelida
véase **34** C6

Se forman colas en este restaurante con sus platos de cocina catalana casera escritos en la pizarra. *7.00-22.00 lu-vi, 8.00-16.00 sa*

Bodega Borràs
56 C6

Local elegante con tapas y raciones exquisitamente preparadas, como quesos de km 0, gambas a la brasa y arroces. *Horario variable*

Beber

Para un café

Three Marks
57 H4

Para probar el mejor café hay que ir a este tostadero de especialidad en la zona algo apartada de Fort Pienc; también tiene algo para comer. *8.00-17.30 lu-vi, 10.00-19.00 sa y do*

Onis Coffee
58 E2

Sirve café de especialidad de Three Marks y pastelería artesanal de **Origo bakery** (p. 141). *8.00-17.00 lu-vi, desde 9.00 sa y do*

TosTao
véase **8** H3

Las tartas caseras de influencia japonesa combinan a la perfección con los cafés de Nømad Cøffee en este refugio del hotel Casa Bonay. *8.00-18.00*

Coctelerías

Libertine
véase **8** H3

Coctelería y cafetería en la planta baja del elegante Casa Bonay. Elabora sus propios ingredientes y programa eventos originales. *7.00-hasta tarde lu-vi, desde 8.00 sa y do*

Dry Martini
59 B3

Se cree que se han servido más de un millón de martinis agitados por expertos en esta coctelería repleta de obras de arte y con un interiorismo de otra época. *13.00-hasta tarde lu-sa, desde 16.00 do*

Locales para un vermut

Morro Fi
60 B6

Concurrida vermutería conocida por su propia marca de vermut y sus tapas clásicas, ahora con varios locales en Barcelona. *Horario variable*

Senyor Vermut
61 A6

Popular bar de la Esquerra de L'Eixample que atrae a una parroquia *cool* con tapas deliciosas, jereces y vermut de la casa. *Horario variable*

Vida nocturna en el Gaixample

Sky Bar
62 D5

Bar de azotea del **Axel Hotel,** epicentro LGTBIQ+. Fiestas por la noche, DJ, cócteles, baileteo y mucha diversión. *19.30-hasta tarde*

Punto BCN
63 C6

Es uno de los favoritos del Gaixample para unas copas; el vecino **La Chapelle** también es popular. *18.00-2.30 ma-ju, hasta 3.00 vi y sa*

Carita Bonita
64 D4

Centro solo en fin de semana para el colectivo de lesbianas. Espacio para unas copas, y baileteo y DJ en el sótano más tarde. *22.00-3.30 vi y sa*

Candy Darling
65 D6

Animado bar *indie* que apuesta por espectáculos de *drag queens,* exposiciones de arte y un enfoque cultural, al lado de la Plaça Universitat. *19.00-2.30 do-ju, hasta 3.00 vi y sa*

Vistas desde la azotea

Jardí Diana
 66 **G4**

Jardín de estilo modernista en la azotea de **El Palace** donde se sirven *brunch* y cócteles, y se programa cine al aire libre y eventos esporádicos. *10.00-24.00*

Terraza del Pulitzer
67 **F6**

Uno de los favoritos en verano, con DJ, música en directo y cócteles, en la azotea del **Hotel Pulitzer**, cerca de la Plaça de Catalunya. *17.00-23.00 mi-do*

Alaire
68 **D3**

Sofisticado bar en la terraza de un 8° piso. Vistas encandiladoras del Passeig de Gràcia, La Pedrera y más allá, en el hotel Condes de Barcelona. *12.00-1.00*

The Rooftop
69 **D2**

Para contemplar La Pedrera mientras se disfruta de unos cócteles y una carta de mercado desde el bar y restaurante de la azotea del **Sir Victor**. *12.00-24.00*

Cerveza artesana

La Textil
 70 **G4**

Elegante cervecera con música en directo y una carta de platos ahumados o a la brasa. *17.00-hasta tarde ma-vi, desde 13.00 sa*

Garage Beer Co
71 **C5**

Uno de los primeros bares de cervezas artesanas de la ciudad. Muchas opciones de barril y eventos divertidos. *17.00-hasta tarde lu-vi, desde 16.00 sa y do*

Comprar

Libros

Llibreria Ona
 72 **G4**

Unos 1000 m² donde descubrir el universo de las letras catalanas y en catalán. *10.00-21.00 lu-sa*

Altaïr
73 **E5**

Un paraíso de libros de viaje que abrió en 1979, desde guías a mapas, con su propia cafetería. *10.00-20.30 lu-sa*

Antinous
74 **C6**

La librería LGTBIQ+ del barrio. También organiza actos literarios, charlas con autores y demás.

11.00-14.00 y 17.00-20.30 lu-vi, 12.00-14.00 y 17.00-20.30 sa

Moda, artículos para el hogar y cosmética

TheAvant
 75 **B3**

La diseñadora Silvia García Presas crea preciosa ropa de mujer; también vende artículos artesanales para el hogar en la cercana **Primitiu**. *10.30-20.00 lu-vi, 11.00-14.30 sa*

Carner Barcelona
76 **F4**

Perfumes inspirados en Barcelona y el Mediterráneo, todos veganos, no testados en animales y de fabricación local. *9.00-20.00 lu-vi, 12.00-20.00 sa*

Comida y vino

La Vinícola
 77 **F2**

Templo dedicado a las uvas catalanas donde predominan los vinos de bodegas locales. *10.30-14.30 y 17.00-21.00 ma-sa, desde 11.30 lu*

Colmado Múrria
78 **E3**

Productos catalanes *gourmet* (quesos, aceite de oliva, vino) tras la fachada modernista de un comercio de 1898; también tiene tapas del chef Jordi Vilà. *Horario variable*

Sugerencias
de lugares para
comer, beber
y comprar en
p. 140

Explora
Gràcia y el Park Güell

Con su trama de callejas y plazas arboladas llenas de vida, Gràcia –también llamada Vila de Gràcia – evoca todo lo maravilloso de Barcelona. Este barrio ecléctico, bohemio y gentrificado a la vez, conserva el aire relajado de una pequeña villa. El trazado urbano desvela la historia de un distrito orgullosamente catalán, que fue municipio independiente hasta 1897. Durante el s. XIX, Gràcia vivió la bonanza de la industrialización y las familias adineradas construyeron suntuosas casas de veraneo aquí (como la Casa Vicens de Gaudí). Hoy destacan sus cafés y bares animados, sus *boutiques* sostenibles, su próspero patrimonio y dos mercados deslumbrantes. Y claro, después está la maravilla gaudiniana al aire libre: el Park Güell, al norte de Gràcia.

Cómo desplazarse

 A pie

Es un placer pasear por las callecitas de Gràcia, muchas peatonales; los fines de semana algunas calles se cierran al tráfico. Para orientarse, lo mejor es tomar como referencia las emblemáticas Plaça de la Vila de Gràcia, Plaça del Sol, Plaça del Diamant y Plaça de la Llibertat.

 Metro

Las estaciones más prácticas son Diagonal, Fontana y Lesseps (en la L3), y Verdaguer y Joanic (en la L4). El Park Güell está a 20 min a pie de las estaciones de Lesseps o Vallcarca (con escaleras mecánicas), pero los autobuses también paran cerca.

LO MEJOR

ARQUITECTURA MODERNISTA
Park Güell (p. 132) y
Casa Vicens (p. 131)

DE TAPEO
Extra Bar (p. 140)
o Fino Bar (p. 140)

DE PASEO POR EL BARRIO
Las plazas de la Vila
de Gràcia (p. 134)

BEBER Y VIDA NOCTURNA
La hora del vermut (p. 136)

MERCADO DE BARRIO
Mercat de la Llibertat (p. 136)

Casa Vicens (p. 131).
ANAMEJIA18/GETTY IMAGES ©

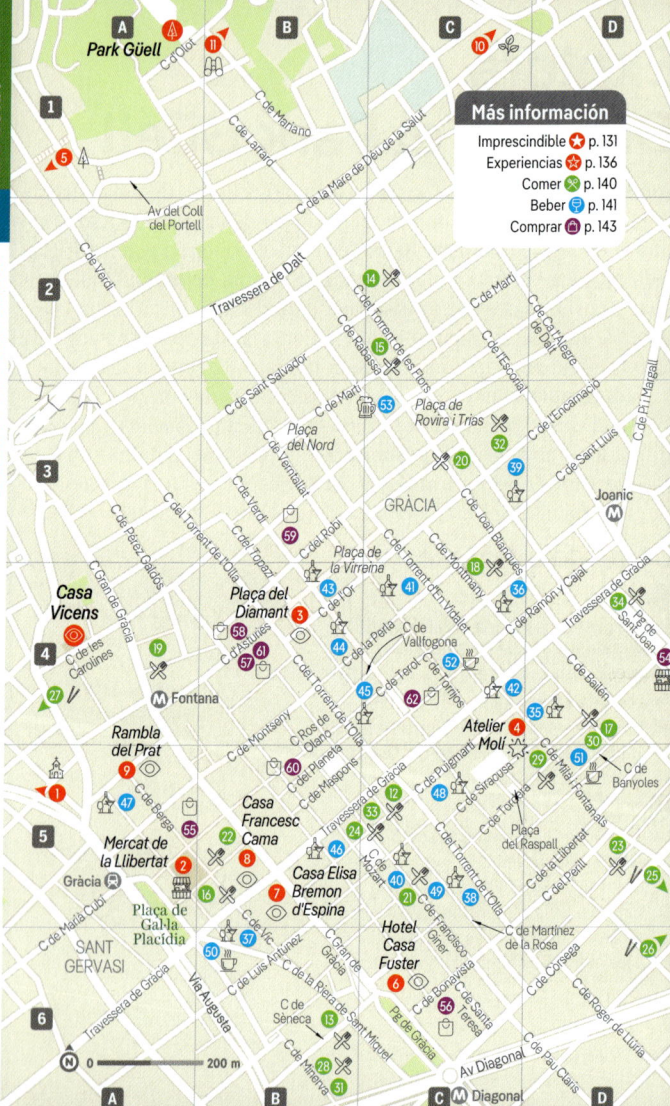

Park Güell

Más información

Imprescindible	p. 131
Experiencias	p. 136
Comer	p. 140
Beber	p. 141
Comprar	p. 143

Travessera de Dalt

Plaça del Nord

GRÀCIA

Plaça de Rovira i Trias

Joanic

Casa Vicens

Plaça del Diamant

Plaça de la Virreina

Fontana

Rambla del Prat

Atelier Molí

Casa Francesc Cama

Mercat de la Llibertat

Gràcia

Casa Elisa Bremon d'Espina

Plaça de Gal·la Plàcidia

SANT GERVASI

Hotel Casa Fuster

Plaça del Raspall

Via Augusta

Diagonal

Av Diagonal

0 ——— 200 m

★ IMPRESCINDIBLE

Casa Vicens

Cuando Antoni Gaudí, con solo 30 años, fue contratado para crear la casa de veraneo del corredor de comercio y bolsa Manuel Vicens i Montaner, el mundo no tenía ni idea de lo que el joven arquitecto llegaría a conseguir. La espectacular (y poco visitada) Casa Vicens de 1885, hoy Patrimonio Mundial de la Unesco, fue el primer encargo que recibió.

Historia y fachada

La mansión angular y torreada se construyó entre 1883 y 1885 (y más tarde se amplió), cuando esta zona aún era un llano verde en las afueras de Barcelona. Como hizo en proyectos posteriores, Gaudí buscó inspiración en el pasado: recurrió al rico patrimonio de la construcción en ladrillo de estilo mudéjar, combinada con el neoclásico y otros estilos arquitectónicos orientalistas. La fachada está adornada con formas y colores cerámicos, incluido el característico azulejado decorado con clavel de moro inspirado en los jardines originales del lugar. Se necesitaron tres años y un equipo de respetados arquitectos actuales –José Antonio Martínez Lapeña, Elías Torres y David García– para restaurar el edificio, que reabrió en el 2017.

Jardines e interiores

El empleo de materiales y técnicas tradicionales (como el azulejado y el papel maché) junto con motivos y formas del mundo natural se convirtieron en el sello personal de Gaudí. Una fuente restaurada que da al patio recuerda la importancia del agua en sus obras. Por su parte, las puertas de hierro están decoradas con el motivo del *garballó* (palma de escobas). Destacan también la *sala de fumadores* (sala de fumadores), de influencia islámica, y la azotea, un antecedente claro a La Pedrera y la Casa Batlló.

PLANO: P. 130 **A4**

CONSEJO
Reservar una de las excelentes visitas de 1 h realizadas por guías entusiastas o explorarla con una audioguía descargable en el móvil. La casa está adaptada para sillas de ruedas.

Escanea este código QR para precios, horarios, entradas y reservas de visitas guiadas.

Park Güell

En el Park Güell, Patrimonio Mundial de la Unesco, Gaudí volcó toda su imaginación en el paisajismo. El resultado es un lugar surrealista y encantador donde la pasión del arquitecto por las formas derivadas de la naturaleza echó a volar. Gaudí vivió aquí 20 años, antes de trasladarse a su taller de la Sagrada Família.

PLANO: P. 130 **A1**

CONSEJO

Comprar las entradas con tiempo, también para las visitas guiadas de 1 h. Visitar la parte norte del parque con sus múltiples senderos es gratis. Hay dos rutas adaptadas a visitantes con movilidad reducida.

Escanea este código QR para precios, entradas y horarios.

Antecedentes históricos

En 1900, cuando Eusebi Güell encargó una "ciudad jardín" de corte británico para los barceloneses acomodados, esta zona era una montaña pelada. Gaudí creó dos casas del guarda, una plaza ondulada, escaleras monumentales y 3 km de caminos hasta que las obras se suspendieron en 1914. Pero el hecho que el proyecto se abandonara no resta magia a este asombroso espacio. Hoy, en el parque se trabaja para equilibrar turismo (4,4 millones de visitantes en el 2023) y las necesidades de los vecinos de la zona.

Plaça de la Natura y alrededores

El conjunto monumental es una explanada de robles, pinos, glicinias, olivos, lavanda, romero y demás. Se suele empezar la visita en la amplia y abierta **Plaça de la Natura,** asomada a la ciudad. Quizá resulte agobiante ver a tanta gente apretujándose para hacerse fotos, pero es imposible no quedarse asombrado por este extenso espacio, que hace las veces de zona de recogida de agua de lluvia –Gaudí siempre combinó creatividad con funcionalidad–. La pieza central es el multicolor **Banc de Trencadís** de 1914, diseñado por Josep Maria Jujol. Al oeste de la plaza, hay que cruzar el **Pòrtic de la Bugadera** (pórtico de la Lavandera), una galería de columnas de piedra inclinadas que parece un claustro bajo las raíces de los árboles.

ELI_ASENOVA/GETTY IMAGES ©

Sala Hipóstila y más allá

Debajo de la Plaça de la Natura, la doble **Escalinata del Drac** (foto superior) y su famoso dragón/salamandra recubierto de *trencadís* está delante de dos casas tipo Hansel y Gretel y la curvilínea **Casa del Guarda.** En lo alto está la **Sala Hipóstila** (templo dórico), con sus característicos techos azulejados y sus bóvedas catalanas. Este bosque de 86 columnas de piedra –algunas inclinadas como árboles vencidos por el tiempo– fue inicialmente diseñado como mercado.

Cerca de la puerta este del parque, la rosa **Casa-Museu Gaudí** fue la vivienda del arquitecto de 1906 a 1925, construida en 1904 por Francesc Berenguer i Mestres como prototipo. Las mejores vistas son desde el **Turó de les Tres Creus,** a 182 m de altitud, en la esquina suroeste del parque.

UNA PAUSA
Bajar hasta la parte alta de Gràcia para unas tapas y unos vinos locales superiores en los maravillosos **Fino Bar** y **La Panxa del Bisbe.**

🚶 **CIRCUITO A PIE**

Plazas de la Vila de Gràcia

Con un ambiente palpablemente de pueblo, las callejas y plazas entrelazadas de Gràcia remiten al pueblo independiente que fue hasta 1897. Las plazas se llenan más por la noche y los fines de semana (sobre todo, los domingos a la hora del vermut), aunque es más fácil sentarse a una mesa de la terraza de cualquier bar entre semana.

INICIO	FINAL	DURACIÓN
Plaça de la Llibertat	Plaça del Nord	1,6 km; 30 min

1 Plaza del mercado
La ruta empieza en la Plaça de la Llibertat, donde está el modernista **Mercat de la Llibertat,** diseñado por el protegido de Gaudí, Francesc Berenguer i Mestres. Es un buen sitio para desayunar, por ejemplo en La Pubilla.

2 Corazón de Gràcia
Al este y a un corto paseo está la **Plaça de la Vila de Gràcia,** presidida por la **sede del Distrito** (también de Berenguer) y por la **Torre del Rellotge** de 1864, una torre del reloj de Antoni Rovira i Trias, el arquitecto catalán que concibió los mercados de Sant Antoni, del Born y de la Concepció.

3 Epicentro para la vida nocturna
Al norte, la **Plaça del Sol** es la más bulliciosa; cuando ya no hay mesas libres en los bares, la gente se sienta en las escaleras. Esta plaza fue escenario de ejecuciones sumarias tras un levantamiento en 1870, y durante la Guerra Civil se construyó un refugio antiaéreo subterráneo.

4 Lugar de encuentro en el barrio
Se sigue 200 m al noreste hasta la **Plaça de la Revolució de Setembre de 1868,** que recuerda el destronamiento de la reina Isabel II; aquí está el **Bar Canigó,** un lugar de reunión con solera, inaugurado en 1922 y ahora llevado por la tercera generación de la misma familia.

5 Historia de la Guerra Civil
Hay que ir al norte por el Carrer de Verdi hasta la arbolada **Plaça del Diamant,** bajo la cual hay un refugio antiaéreo de la Guerra Civil (abierto solo do). La aclamada novela de 1962, *La plaça del Diamant,* de la escritora Mercè Rodoreda, se sitúa en parte aquí.

6 Oasis arbolado
Al este, la **Plaça de la Virreina** es una encantadora y espaciosa plaza arbolada con bares y cafés con terraza.

7 ¿Un Gaudí escondido?
En el lado norte de la plaza se alza la **Església de Sant Joan,** del s. XIX, otra obra de Berenguer, aunque hay quien dice que la capilla del interior la hizo Gaudí. Si bien no se sabe con certeza si Gaudí se implicó profesionalmente en el proyecto, sí que se sabe que venía a rezar aquí con regularidad.

8 Norte de Gràcia
Hacia el extremo norte de Gràcia, la **Plaça del Nord** disfruta de un relajado ambiente de barrio, con bancos y un parque infantil y críos correteando.

EXPERIENCIAS

La hora del vermut   COMIDA Y BEBIDA

El vermut, que se trajo por primera vez a España desde Italia a mediados del s. XIX, ha experimentado un *boom* en Barcelona en los últimos años, y Gràcia está en el corazón de la escena. Los mejores sitios lo sirven con hielo, una aceituna y una rodaja de naranja. Lo ideal sería disfrutarlo en compañía de buenos amigos al mediodía, sobre todo el fin de semana, durante *l'hora del vermut* cuando también se comparten patatas fritas o tapas como anchoas, croquetas o patatas bravas. Para *fer el vermut* ("hacer el vermut"), hay infinidad de vermuterías (p. 141), pero casi todos los bares de Barcelona lo sirven.

Visitar un mercado modernista   MERCADO

PLANO: ② P. 130 A5

Creado en 1888, el **Mercat de la Llibertat** fue cubierto en 1893 por Francesc Berenguer i Mestres (1866-1914), inseparable ayudante de Gaudí, en el estilo modernista que estaba en boga. Remodelado en el 2009, sigue siendo un lugar emblemático e importante epicentro de la vida de barrio. Los puestos crujen bajo el peso de hileras de quesos, cubetas de aceitunas, montañas de especias, pan recién horneado, charcutería catalana, tomates relucientes y demás exquisiteces. El mercado (do cerrado) es ideal para comprar ingredientes para un pícnic o para cocinar, o para tomar algo en sus bares-ca-

fetería. El popular **Hermós Bar de Peix** se especializa en tapas de pescado y marisco, y **La Clau** es un lugar discreto donde tomar un café y una tortilla.

Descubrir la historia de la Guerra Civil   CIRCUITO

PLANO: ③ P. 130 B4

A 12 m de profundidad bajo la animada Plaça del Diamant, el **refugio antiaéreo de la Plaça del Diamant,** o Refugi 232, es uno de los más grandes de Barcelona. Fue construido en la década de 1930 por los vecinos y fue uno de los 90 refugios que se construyeron en Gràcia durante la Guerra Civil. Cuando Barcelona fue despiadadamente bombardeada por el ejército franquista y sus aliados, la Alemania nazi y la Italia fascista, Gràcia era un objetivo por ser una importante zona industrial. Al caminar por estos túneles subterráneos en un circuito guiado, se conocerán unos de los capítulos más oscuros de la historia de Barcelona, pero también la resiliencia de los vecindarios. El refugio solo abre para visitas guiadas con reserva previa los domingos a las 11.00 que son en catalán o, una vez al mes, en castellano (y en inglés si se pide con antelación).

Participar en la Festa Major de Gràcia   FIESTA MAYOR

La **Festa Major de Gràcia** (*festa majordegracia.cat),* que dura una semana en torno al 15 de agosto, es una de las celebraciones culturales más grandes de Barcelona. Se remonta a 1817 y realza la identidad del barrio. Los vecinos organizan actos y compiten por la calle mejor decorada del barrio; cada calle se decora con un tema, cualquiera, que puede ser desde Don Quijote a las mariposas. Para ello se emplean casi siempre materiales reciclados. También hay conciertos, ferias callejeras, danza popular, actividades para los críos, barras en la calle y demás. Es un buen momento para conocer las típicas tradiciones catalanas como los *correfocs* (pasacalles con pirotecnia), los *gegants* (gigantes de cartón piedra) y los *castells* (torres humanas).

El barrio cada vez está más preocupado por la masificación de esta fiesta y en el momento de redactar esta guía estaba estudiando el modo de combatirla.

Asistir a una clase de cerámica
ARTESANÍAS

PLANO: **4** P. 130 **C5**

Gràcia tiene fama por su energía creativa, vinculada a la afluencia de artesanos a principios del s. XIX, cuando aún era un municipio independiente de Barcelona. Hoy, esta tradición artística y artesanal queda reflejada en las minuciosas decoraciones que se hacen para su fiesta mayor (p. 137), pero también en los estudios de artesanías, donde se trabaja desde la madera a la cerámica. Para hacerse una idea de la oferta se puede participar en un taller de cerámica en un estudio del barrio, hay muchos. El amable equipo de

EL OJO DE UN ARQUITECTO: GAUDÍ AL DETALLE

Pia Wortham, arquitecta y guía en Barcelona Architecture Walks (*@spiabooks*).

Cripta Gaudí La culminación de las innovaciones estructurales de Gaudí están en la Colònia Güell, al oeste de Barcelona. Cada columna del porche representa un árbol diferente.
PLANO: **1** P. 130 **A5**

Pavellons Güell (p. 150) Gaudí diseñó la verja de entrada con el dragón y los establos para la finca de Eusebi Güell.

Casa Vicens (p. 131) La primera casa de Gaudí, en Gràcia. La reja de hojas de palmito augura las formas naturales de sus trabajos futuros.

Palau Güell (p. 53) Gaudí empezó sus experimentos estructurales en esta mansión del Raval, con sus bóvedas catalanas y sus características chimeneas de *trencadís*.

Park Güell (p. 132) Los pilares de la Sala Hipóstila soportan una plaza con ondulados bancos de cerámica, que funciona como filtro de agua.

Atelier Molí imparte los cursos Cerámica y Vino de 3 h, donde se diseñará y decorará una pieza de cerámica (no hace falta experiencia). Las clases de introducción en pequeños grupos de 2-3 h son ideales para principiantes. También hay

LA RUMBA CATALANA

Si los gitanos andaluces fueron los grandes impulsores del flamenco, los de Cataluña fueron los creadores de la rumba catalana, un género musical cuyos ritmos derivan del flamenco. Uno de los pioneros de este género fue El Pescaílla, que hizo popular la rumba catalana en Gràcia. Hoy en día, la **Plaça del Raspall** y la **Plaça del Poble Romaní** albergan una comunidad gitana que lleva aquí más de 300 años, y que es parte fundamental del espíritu de Gràcia. Los bares de la Plaça del Raspall son más baratos que los de cualquier otra plaza.

cursos de una semana para quienes se queden más tiempo.

Relajarse con el verde de los parques   PARQUES, MIRADORES

De haber mucho bullicio en Gràcia se puede escapar a algún espacio verde de los márgenes del barrio. Muchos combinan los jardines a la sombra con miradores con vistas a los terrados de Barcelona. Aunque hay que pagar para visitar la parte principal del Park Güell (p. 132), donde están los monumentos de Gaudí, se puede ir gratis el lado norte (interior) del parque, donde hay plácidos caminos para correr y pasear, con la montaña del Tibidabo por detrás.

También relajante es el **Parc del Turó del Putxet** (PLANO: ❺ P. 130 A1),

al noreste de Lesseps en la parte alta de Gràcia, donde los pinos y las adelfas rosas crecen a su aire en este parque situado en una colina boscosa de 178 m, con maravillosas vistas de 360°.

Seguir la ruta del modernismo de Gràcia   ARQUITECTURA

Puede que la Casa Vicens (p. 131) y el Park Güell (p. 132) sean las superestrellas modernistas de Gràcia, pero el distrito también atesora otros muchos edificios de esta época de esplendor arquitectónico de Barcelona. En Gràcia hay 15 obras modernistas protegidas en total. Salvo el bullicioso Mercat de la Llibertat (p. 136), la mayoría solo se pueden ver desde fuera, pero vale la pena acercarse a ellas porque las fachadas ya se diseñaron expresamente para lucir. Hay que echar un vistazo al **Hotel Casa Fuster** (PLANO: ❻ P. 130 C6), de Lluís Domènech i Montaner, una suntuosa mansión de 1911 convertida en hotel al principio del Carrer Gran de Gràcia; se puede entrar al elegante café-bar del vestíbulo. Después se puede subir rumbo norte para ver la **Casa Elisa Bremon d'Espina** (PLANO: ❼ P. 130 B5), de Jeroni Granell, la **Casa Francesc Cama** (PLANO: ❽ P. 130 B5), de Francesc Berenguer, y la arbolada **Rambla del Prat** (PLANO: ❾ P. 130 A5).

Escapar a Horta   PARQUE

PLANO: ❿ P. 130 C5

A 20 min en metro desde Gràcia hasta las estaciones de Mundet o

Horta, y a los pies de la sierra de Collserola, el barrio de Horta, al norte, es otra Barcelona, con plazas preciosas, antiguas masías y un jardín del s. XVIII con un laberinto de muros de cipreses. Cuidadosamente creado por el arquitecto italiano Domenico Bagutti para Joan Antoni Desvalls, marqués de Alfarràs y de Llupià, el **Parc del Laberint d'Horta** siguió siendo un edén privado de la familia hasta la década de 1970. Ahora los caminos pasan por un lago, cascadas, un pabellón neoclásico y un falso cementerio (inspirado en el romanticismo del s. XIX), pero también por el laberinto. Y ya de paso que se visita, se podría almorzar en **Can Travi Nou,** una preciosa masía del s. XI con una carta de temporada, o en la romántica **Can Cortada,** una mansión del s. XVII envuelta en buganvillas que sirve especialidades catalanas. En el barrio propiamente dicho, la **Plaça d'Eivissa**

BÚNKERES DEL CARMEL

En el Turó de la Rovira, en el Carmel, los miradores de los **búnkeres del Carmel** (PLANO: **11** P. 130 **B1**) formaban parte de una batería antiaérea durante la Guerra Civil. Más tarde este lugar se convirtió en un barrio de chabolas hasta principios de la década de 1990 para después quedar abandonado. Pero se ha disparado su popularidad como mirador, provocando las quejas de los vecinos por el ruido, las fiestas y demás. Ahora no se puede visitar de noche, pero sí de día. De visitarlo, hay que respetar a los vecinos. El acogedor restaurante **Las Delicias** *(lu cerrado)* sirve tapas con vistas.

es el centro de este antiguo pueblo y donde está el **Quimet d'Horta,** bar de tapas fundado en la década de 1920.

Barcelona vista desde los búnkeres del Carmel.

BORUT TRDINA/GETTY IMAGES ©

Localizaciones en el plano de la **p. 130**

SUGERENCIAS

Lo mejor para...

🟢 Económico   🟢🟢 Medio   🟢🟢🟢 Alto

Comer

Bares de tapas

Extra Bar 🟢🟢
 C5

Minúsculo exitazo, con mesas tipo barra a las que llegan memorables platillos de mercado. *18.30-24.00 ma-sa*

Tangana 🟢🟢
13 **B6**

Cocina catalana de mercado, con tapas como croquetas de fricandó, huevos rotos y berenjenas con miel, en un entorno tipo bar. *13.00-22.30 lu-sa*

La Panxa del Bisbe 🟢🟢
14 **C2**

En la parte alta de Gràcia y con un patio trasero, ofrece tapas catalanas creativas de temporada. *13.30-15.30 y 20.30-23.00 ma-sa*

Fino Bar 🟢🟢
15 **C2**

Productos de proximidad convertidos en tapas con un toque innovador, acompañadas de vinos naturales y un vermut

contundente. *Horario variable*

Cocina catalana

La Pubilla 🟢🟢
 B5

La cocina de Alexis Peñalver, quien compra en el mercado aledaño, es muy querida por sus desayunos a la catalana y menús del día. *9.00-12.00, 13.00-17.00 y 19.00-24.00 ma-sa*

Cal Boter 🟢🟢
17 **D4**

Un clásico para especialidades catalanas como caracoles *a la llauna,* escalivada y sopas de temporada. *9.00-16.00 lu-sa, 20.00-23.00 ju-sa*

Taverna El Glop 🟢🟢
18 **C4**

Interiorismo rústico y ambiente divertido en un lugar popular que abrió en 1978; destacan el cordero a la brasa, el arroz con pescado y marisco, y en invierno, los *calçots. 11.00-24.00*

Santa Magdalena 🟢🟢
 A4

Cerca de la Casa Vicens, este resucitado bar de barrio apuesta por la

cocina catalana. *9.00-16.00 ma-do, 20.00-23.00 mi-sa*

Pescado y marisco

Lluritu 🟢🟢
 C3

Las gambas, las sardinas y demás frutos del mar a la brasa atraen a una parroquia fiel hasta este restaurante informal. *Horario variable*

Diània 🟢🟢
21 **C5**

Cocina del centro de Valencia en una taberna con una carta tradicional de arroces con buena relación calidad-precio. *Horario variable*

Botafumeiro 🟢🟢🟢
 B5

Elegante restaurante con solera especializado en raciones de clásicos de pescado y marisco como percebes y anchoas de L'Escala. *12.00-1.00*

Panaderías

Origo 🟢🟢
 D5

Bollería y panes de masa madre deliciosos (vale la pena hacer la cola); también fantástico café de tercera ola. *8.00-20.30 lu-vi, hasta 19.00 sa y do*

Oz Bakery ⓔ
24 B5

En esta panadería de la chef Ronita Stern los aromáticos panes de masa madre y la bollería recién horneados y hechos con harina ecológica acompañan muy bien con un café perfecto. *9.00-20.30*

Cocina asiática

Ramen-Ya Hiro ⓔⓔ
25 D5

Fue uno de los primeros locales de *ramen* de Barcelona y lleva más de 10 años sirviendo boles de fideos caseros en la parte baja de Gràcia. *19.30-22.30 lu-sa*

Can Kenji ⓔⓔ
26 D6

Pequeña *izakaya* que encandila con sus ingredientes frescos del mercado, menús al mediodía y recetas japonesas con un toque mediterráneo. *13.00-15.30 y 20.00-23.00*

Hanki ⓔⓔ
27 A4

Bibimbap (boles de arroz), *dumplings, jeongol (hot pot)* y demás platos en un popular restaurante coreano con un bonito patio, cerca de la Casa Vicens. *13.00-16.00 y 10.00-23.30 lu y mi-sa, 13.30-16.00 do*

Restaurantes creativos

Berbena ⓔⓔ
28 B6

Respetada cocina de planta abierta especializada en platos de temporada muy bien presentados, con vinos naturales. *19.15-24.00 lu-ju, 14.15-17.00 y 19.30-24.00 vi*

Bar El Pepino ⓔⓔ
29 D5

Célebre por sus vinos naturales y sus originales platillos mediterráneos con un deje italiano preparados con productos de temporada. *Horario variable*

La Fonda Pepa ⓔⓔ
30 D4

Cocina de mercado y una carta que cambia con la temporada, vinos catalanes y un tentador patio. *20.00-22.30 ma-sa, 13.00-15.30 vi y sa*

Les Filles ⓔⓔ
31 B6

Café con un precioso jardín, que abre todo el día y sirve *brunch* el fin de semana, platos saludables, café de especialidad y demás. *Horario variable*

Más cocina internacional

Sartoria Panetieri ⓔⓔⓔ
32 C3

Elegante pizzería conocida por sus creaciones con charcutería casera,

quesos catalanes, harina ecológica y hierbas aromáticas. *13.00-17.00 y 20.00-24.00*

Baby Jalebi ⓔ
33 C5

Creativa cocina punyabí con un interiorismo diáfano y una carta de comida callejera: *pakoras, samosas, paneer masala, biryani* y hamburguesas *aloo tikki* (de guisantes y patatas). *12.30-15.45 y 19.00-23.00 ma-do*

Bērytī ⓔⓔ
34 D4

Platos libaneses y menús semanales en una bocacalle del Passeig de Sant Joan; programa eventos y hace las veces de centro del colectivo LGTBIQ+. *Horario variable*

Beber

Vermut clásico

Bodega Marín
35 D4

Los nuevos dueños han recuperado un clásico que sirve vermut de Reus, vinos directamente de la barrica y tapas tradicionales. *Horario variable*

La Vermuteria del Tano
36 C4

Bar de toda la vida con barricas decorativas, mesas de mármol, vermut

Perucchi y las clásicas conservas en lata. *9.00-21.00 ma-vi, 12.00-16.00 sa y do*

Bar Bodega Quimet
 B6

Con 70 años en su haber, tiene barricas con vermut de la casa en las paredes. Entre las tapas hay conservas y quesos. *Horario variable*

Coctelerías

14 de la Rosa
 C5

Lugar romántico con un aire *vintage* donde sirven unos cócteles creativos y otros más clásicos agitados con maestría, vinos naturales catalanes y tapas locales. *18.00-hasta tarde*

Foco
 C3

Coctelería elegante, a la luz de las velas, que sirve copas clásicas con un giro imaginativo e ingredientes de la casa; el *pisco sour* aromatizado con jazmín está de muerte. *18.00-hasta tarde mi-lu*

Bobby Gin
 C5

El galardonado *bartender* Alberto Pizarro prepara algunos de los *gin-tonics* con más arte de Barcelona en este favorito del barrio. *19.00-hasta tarde*

Elephanta
 C4

De aire *vintage,* su fuerte son los *gin-tonics* intachablemente mezclados, desde el cítrico al botánico, también marcas catalanas. *Horario variable*

Bares de vinos

La Graciosa
 C4

Molón bar con un patio divertido, que se especializa en vinos naturales y platillos con un deje italiano. *18.00-23.00 ma-sa*

Bar Salvatge
 B4

Con un logo de luces de neón en el techo y carteles de ferias de vino, apuesta por los vinos naturales y unos maravillosos platillos. *18.00-0.30*

Viblioteca
 B4

Elegante local con quesos de pequeños y unos vinos gloriosos, con 150 marcas para probar, locales en su mayoría. *18.00-24.00*

Bocanariz
 C4

Vinos naturales y de mínima intervención, música con vinilos y tapas ecológicas en este íntimo bar de vinos en plena Gràcia. *19.00-0.30 ma-sa*

Vermut de nueva ola

La Vermu
 B5

Vermut casero y tapas sencillas –tortilla, croquetas, *pa amb tomàquet*– en un entorno elegante de vigas de madera. *18.30-24.00 lu-ju, 12.30-0.30 vi-do*

Bodega Neus
 A5

Popular vermutería cerca del Mercat de la Llibertat; reservar una mesa o sentarse a la barra para un vermut de la casa, vino catalán y tapas deliciosas. *Horario variable*

Vermuteria Puigmartí
 C5

Popular bar donde disfrutar de unas sardinas ahumadas y tortilla casera junto con vinos naturales y vermut de la casa. *Horario variable*

El Villa
 C5

Para un poco de ambiente andaluz, hay que entrar a esta vermutería que sirve jereces de Cádiz, vermuts catalanes y tapas logradas. *Horario variable*

Cultura cafetera

SlowMov
 B6

Uno de los primeros locales de café de especialidad de la ciudad, con un espíritu sostenible y café de temporada tostado en Barcelona. *8.30-16.00 lu-sa*

Bar La Camila

 51 D5

Cafetería-bar de barrio popular por sus cafés de especialidad, vinos naturales, vermuts caseros y desayunos ligeros. *Horario variable*

El Noa Noa

52 C4

Local creativo con café de especialidad para llevar de tostadores locales, con una tienda adosada de arte y diseño. *8.30-19.00 lu-sa, 10.00-18.00 do*

Cerveza artesana

La Rovira

53 C3

Sencillo bar con una carta de cervezas artesanas que cambian con regularidad, vermut de la casa, tapas sencillas y sándwiches a la plancha. *9.00-24.00*

Comprar

Alimentación y vino

Mercat de l'Abaceria Central

54 D4

Fundado en 1892, el segundo mercado de Gràcia es un paraíso de productos frescos; se ha trasladado al Passeig de Sant Joan mientras se renueva el edificio original. *Horario variable*

Fromagerie Can Luc

55 A5

Edén de quesos de marcas catalanas y otros caprichos europeos ¡Venden bandejas para un pícnic! *10.00-14.00 y 16.30-20.00 lu-sa*

Bodega Bonavista

56 C6

Medio tienda delicatesen, medio bar de vinos, tiene vinos impresionantes. *Horario variable*

'Slow fashion' y moda 'vintage'

Green Life Style

57 B4

Piezas ecológicas y de comercio justo de diseñadores europeos independientes; una de sus *boutiques* está en el Carrer d'Astúries. *11.00-14.30 y 16.30-20.20 lu-sa*

Humana Vintage

58 B4

Tienda en Gràcia de la cadena de moda de segunda mano con tiendas en toda España, donde lo divertido es mirar en los percheros. *10.00-21.00 lu-sa, 12.00-20.00 do*

Revolution Vintage

59 B3

Chaquetas *denim,* bolsos de piel, camisas hawaianas y demás piezas de segunda mano en el Carrer de Verdi, flanqueado de *boutiques.* *Horario variable*

Amalia Vermell

60 B5

Si gustan las joyas originales, que nadie se pierda las atrevidas piezas geométricas de Amalia Vermell. *Horario variable*

Arte y artesanías

Olokuti

61 B4

Pionera en la oferta de productos eco de Gràcia, desde velas veganas a cestas artesanales. *10.00-21.00 lu-sa*

Bonito Estudio

véase **12** C5

Maravillosas artesanías de artesanos locales, desde tazas pintadas a mano a divertidas láminas de tema barcelonés. *11.00-14.00 y 16.30-20.45 ma-sa*

Nook

62 C4

Concept boutique molona con una vertiente artística: cerámicas, pendientes, bolsos y demás, muchos hechos en España. *Horario variable*

Sugerencias de lugares para comer, beber y comprar en **p. 152**

Explora
El Camp Nou, Pedralbes y la zona alta

El Camp Nou ha sido la casa legendaria del F.C. Barcelona desde 1957. Está en Les Corts, un barrio que se extiende hasta la acomodada zona de Pedralbes. Aquí están el campus de la Universidad de Barcelona y varios parques grandes, sembrados de palacios, mansiones y un monasterio en estilo gótico.

Al este de Les Corts y Pedralbes está la zona alta, que comprende los elegantes barrios de Sarrià, Sant Gervasi y más allá. Por detrás se eleva la montaña del Tibidabo (el punto más alto de la ciudad), que preside la cordillera de verdes montes que forma el parque natural de Barcelona: Collserola, con muchos caminos para correr y pedalear y vistas panorámicas.

Cómo desplazarse

 Metro y tren

La L3 del metro va al Parc de Pedralbes y al Spotify Camp Nou (también la L5). Para ir a Sarrià-Sant Gervasi, hay que tomar los trenes de FGC, que salen de la Plaça de Catalunya. Para Pedralbes, tomar la línea 12 de los FGC hasta Reina Elisenda. Para Collserola, tomar los trenes FGC de la S1 o S2 desde la Plaça de Catalunya hasta Baixador de Vallvidrera.

Transporte hasta el Tibidabo

Al Tibidabo llegan los autobuses. También se puede tomar el funicular Cuca de Llum, que tarda 4 min, desde la Plaça del Doctor Andreu (con enlaces en autobús; el Tramvia Blau desde la Plaça Kennedy estaba fuera de servicio por reformas a principios del 2025).

Temple Expiatori del Sagrat Cor de Jesús (p. 149).

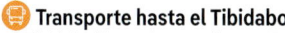

DAVE Z/SHUTTERTOCK ©

LO MEJOR

UN GAUDÍ DIFERENTE
Torre Bellesguard (p. 148)

EXCURSIÓN A PIE
Parc Natural de Collserola (p. 148)

DESTINO DE FÚTBOL
Camp Nou (p. 148)

MIRADOR
Tibidabo (p. 149)

ARQUITECTURA GÓTICA
Reial Monestir de Santa Maria de Pedralbes (p. 147)

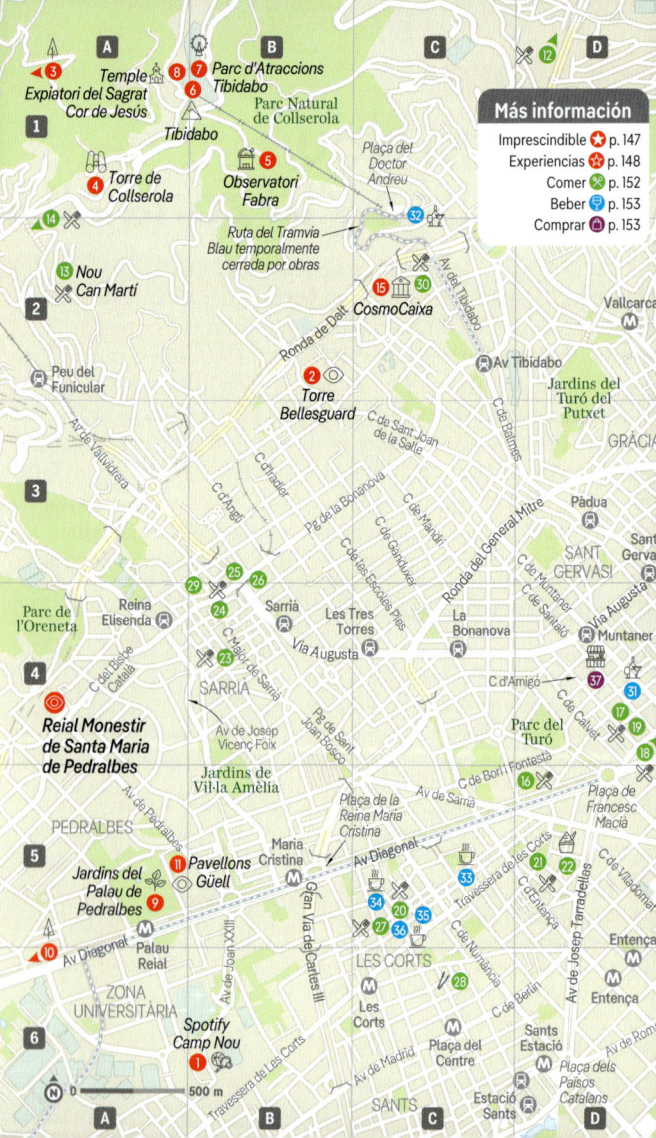

Temple
Expiatori del Sagrat
Cor de Jesús

Parc d'Atraccions
Tibidabo

Tibidabo

Parc Natural
de Collserola

Plaça del
Doctor
Andreu

Más información

Imprescindible ☆ p. 147
Experiencias ☆ p. 148
Comer ✕ p. 152
Beber ⊕ p. 153
Comprar ⊕ p. 153

Torre de
Collserola

Observatori
Fabra

Ruta del Tramvia
Blau temporalmente
cerrada por obras

Nou
Can Martí

CosmoCaixa

Vallcarca

Peu del
Funicular

Ronda de Dalt

Torre
Bellesguard

Av Tibidabo

Jardins del
Turó del
Putxet

GRÀCIA

C de Sant-Joan
de la Salle

C de Palmes

Pàdua

SANT
GERVASI

Ronda del General Mitre

Sant
Gervasi

Parc de
l'Oreneta

Reina
Elisenda

Sarrià

Les Tres
Torres

La
Bonanova

Via Augusta

Muntaner

SARRIÀ

Reial Monestir
de Santa Maria
de Pedralbes

Parc del
Turó

C d'Amigó

Av de Josep
Vicenç Foix

Jardins de
Vil·la Amèlia

Plaça de
Francesc
Macià

PEDRALBES

Jardins del
Palau de
Pedralbes

Pavellons
Güell

Plaça de la
Reina Maria
Cristina

Maria
Cristina

Av Diagonal

Palau
Reial

ZONA
UNIVERSITÀRIA

Spotify
Camp Nou

LES CORTS

Les
Corts

Plaça del
Centre

Sants
Estació

Plaça dels
Països
Catalans

SANTS

Estació
Sants

146

0   500 m

⭐ **IMPRESCINDIBLE**

Reial Monestir de Santa Maria de Pedralbes

Este monumental **monasterio,** uno de los más bellos ejemplos de arquitectura gótica catalana (sobre todo el claustro de tres pisos), se halla en un plácido rincón de las estribaciones de Collserola. Fue fundado por la reina Elisenda de Montcada en 1327 y ocupado durante seis siglos por las monjas clarisas.

Capella de Sant Miquel

Esta diminuta capilla está cubierta de arriba abajo por frescos de alegres colores. Los (restaurados) murales fueron creados en 1341 por Jaume Ferrer Bassa, pintor y miniaturista de la Corona de Aragón.

Sepulcro de la reina Elisenda

Cerca de la capilla está el sepulcro de la reina Elisenda del s. xiv; la cara del sepulcro que da al claustro la presenta vestida como viuda penitente, y la cara que da a la iglesia adjunta la muestra ataviada con corona y vestiduras reales.

Claustros y otros tesoros

Al recorrer el monasterio, hay una vista que se repite: la de los elegantes claustros. Considerado el claustro gótico más grande del mundo, cuenta con 26 columnas por cada lado. En el centro hay una fuente y un jardín medieval de plantas medicinales, tal y como estaban siglos atrás.

En el piso de arriba, los antiguos dormitorios han sido transformados en un espacio donde se exponen tesoros históricos del edificio y las pinturas religiosas de la colección Thyssen-Bornemisza. Destacan también el refectorio, los dioramas de la vida de Jesús y un huerto medieval de 3000 m² que se utiliza desde la fundación del monasterio, restaurado en el 2017.

PLANO: P. 146 **A4**

CONSEJO
Las entradas se pueden comprar en línea con antelación; los domingos se entra gratis a partir de las 15.00. Hay que dedicar al menos 1 h para verlo todo. Casi todo el monasterio está acondicionado para sillas de ruedas.

Escanea este código QR para precios y horarios.

Explorar el mítico estadio del Barça ESTADIO DE FÚTBOL

PLANO: **1** P. 146 **B6**

He aquí la principal razón para ir a Les Corts: el Camp Nou, sede del Barça, el mundialmente conocido club de fútbol. Ahora oficialmente rebautizado como **Spotify Camp Nou,** fue en su día el mayor estadio de Europa, pero cuando terminen las obras de renovación lo será aún más. El nuevo estadio de 60 m de altura va a tener capacidad para 105 000 espectadores, una superficie total de 225 000 m² y un tejado nuevo diseñado para recoger agua de lluvia y generar su propia electricidad. Ver al Barça jugando en casa es una experiencia inolvidable; se recomienda comprar antes las entradas en la web oficial.

No solo se puede visitar cuando hay partido, también hay circuitos guiados por el estadio y el museo inmersivo temporal del Barça (consultar qué hay abierto mientras duren las reformas del estadio).

Descubrir la Torre Bellesguard de Gaudí ARQUITECTURA

PLANO: **2** P. 146 **B2**

Hay pocos barrios en Barcelona donde Antoni Gaudí no dejara su impronta, y la zona alta no es una excepción. Los orígenes de la **Torre Bellesguard** se remontan a la época medieval cuando era la residencia de Martí l'Humà, rey de la Corona de Aragón y el último soberano en línea directa de la Casa de Barcelona. Entre 1900 y 1909 se contrató a Gaudí para que renovara el edificio, que transformó en una fusión perfecta de gótico y modernismo, no sin añadirle su sello personal. Todo está impregnado de simbolismo, desde las tiras rojas y amarillas de la torre (que representan la bandera catalana) a la araña de luces en hierro forjado en el espacio del desván, una réplica casi exacta de la corona que portaba el rey Martí.

Hoy, el edificio aún es una obra de Gaudí poco conocida. Se puede explorar el recinto y los jardines con audioguía, y visitar el interior con un guía. En la azotea, atención especial merece la cara del dragón en la esquina opuesta a la entrada principal. Cada verano, Bellesguard programa la popular feria gastronómica **Eat Gaudí** (eatgaudi.com).

De excursión por las montañas de Collserola RESERVA NATURAL

El bonito **Parc Natural de Collserola** (PLANO: **3** P. 146 **A1**) ciñe Barcelona como una corona verde, con más de 80 km² de montes y bosque. El parque, cruzado por caminos de senderismo y ciclismo, es la escapada perfecta del bullicio urbano, y hábitat de toda suerte de animales, de avifauna muy diversa a comadrejas, zorros y jabalíes. En Collserola casi todas las rutas confluyen en algún momento con la **Carretera de les Aigües,** el largo camino con vistas a la ciudad. Desde la estación de trenes de FGC Baixador de Vallvidrera hay 10 min de subida hasta el centro de información de Collserola, que facilita mapas de senderismo; de aquí al Tibidabo hay 1 h a pie.

Otros puntos de referencia son la **Torre de Collserola** (PLANO: ❹ P. 146 **A1**), torre de comunicaciones que diseñó Norman Foster en 1992 (reserva de visitas en línea), y el **Observatori Fabra** (PLANO: ❺ P. 146 **B1**), que también se puede visitar con reserva previa (en *sternalia. com*), de estilo modernista (1904).

Alcanzar las alturas del Tibidabo

MIRADOR, PARQUE DE ATRACCIONES

PLANO: ❻ P. 146 **B1**

El **Tibidabo,** que con 512 m es la montaña más alta del Parc Natural de Collserola, se ve desde toda Barcelona. No solo se sube a él por sus vistas sino, sobre todo, para disfrutar del **Parc d'Atraccions Tibidabo** (PLANO: ❼ P. 146 **B1**), inaugurado en 1901 y que conserva muchas atracciones antiguas, como el Avió de 1928 (una réplica del primer avión que voló de Barcelona a Madrid), junto a otras más modernas.

Subir a la monumental basílica del Tibidabo

BASÍLICA

PLANO: ❽ P. 146 **A1**

Por detrás del parque de atracciones se ve el imponente **Temple Expiatori del Sagrat Cor de Jesús,** una basílica construida entre 1902 y 1961 por Enric Sagnier. Con vistas a toda la ciudad, en

MIS EXCURSIONES FAVORITAS POR COLLSEROLA

Pedro Lowe, guía de senderismo del grupo Natural Hikes & Nights Barcelona de Meetup *@natural_ hikes_nights_barcelona*

Del Baixador de Vallvidrera a Sant Cugat Ruta de 12 km que pasa por las ruinas del Rabassada Casino, el viaducto de Can Ribes, el embalse de Can Borrell y el famoso Pi d'en Xandri, un pino piñonero de 23 m de altura y 235 años.

Ruta circular desde Les Planes Ruta circular de 14 km por arboledas. A medio camino se tomará un vino del único viñedo de Collserola: Can Calopa Vinoteca. Se regresa por Rierada, sorteando pequeños arroyos.

Del Baixador de Vallvidrera a Gràcia Sendero de 11 km que sube al Tibidabo para disfrutar de unas vistas impresionantes y después baja hasta Gràcia.

Ruta circular El Papiol Ruta circular de 11 km por una zona poco conocida. Se sube al pico Puig Madrona y después se baja a la ermita de la Salut.

realidad consta de dos iglesias, una encima de otra, y forma un espacio cubierto de mosaicos multicolor que muestran escenas del Tibidabo y de Montserrat, pero también muchos vitrales luminosos. Se puede entrar a las dos iglesias gratis, pero para subir en ascensor hasta el diminuto balcón de debajo de los pies de Jesucristo, hay que pagar un pequeño importe.

Relajarse en los Jardins del Palau de Pedralbes   JARDINES

PLANO: **9** P. 146 **A5**

Detrás de esos altos muros de buganvillas que orillan la Av. Diagonal, se halla uno de los jardines más señoriales de Barcelona: los **Jardins del Palau de Pedralbes.** El parque, inspirado en los jardines clásicos ingleses y franceses, está lleno de pequeños estanques, fuentes, bustos de mármol, caminos a la sombra y parterres de flores. En la parte de atrás está el gran palacio, un refinado edificio amarillo decorado con frescos rosas. Data de la época medieval, pero fue renovado a finales del s. XIX después que la familia de Eusebi Güell (el famoso mecenas de Gaudí) donara su finca a la corona. Posteriormente, su villa se transformó en el palacio que se completó en 1931 y que aún pertenece a la familia real española. Aunque no se puede visitar, sí permite pasear por los jardines.

A 10 min a pie al oeste está el **Parc de Cervantes** (PLANO: **10** P. 146 **A6**), uno de los parques urbanos más infravalorados y bonitos de Barcelona, con rosales a mansalva.

Admirar la verja monumental de Gaudí   ARQUITECTURA

PLANO: **11** P. 146 **A5**

Al este del Palau de Pedralbes, los **Pavellons Güell** son otra obra fabulosa de Antoni Gaudí para su mecenas Eusebi Güell. La antigua finca Güell ya no existe, pero se conservan los pabellones (o casas del portero) diseñados por Gaudí entre 1884 y 1887. Lo que más salta a la vista es la verja, una obra de hierro forjado de 5 m de un dragón con enormes alas de murciélago, patas y garras de lagarto, dientes afilados y una lengua serpentina. Los pabellones son Gaudí en estado puro, donde no faltan ni el minucioso trabajo de albañilería ni los arcos parabólicos ni las torres revestidas de mosaico.

Darse un festín en una 'calçotada' catalana   COMIDA Y BEBIDA

Quien esté en Barcelona entre diciembre y abril estará de suerte porque coincidirá con una época muy interesante de la cocina catalana: la temporada de *calçots*. Los *calçots* vienen a ser como un cruce entre cebolleta y puerro, y los catalanes esperan con ganas esta época del año cuando pueden reunirse y disfrutar de ellos en una comilona llamada *calçotada*. Los *calçots* suelen hacerse a la brasa y se acompañan con salsa de romesco. Collserola y sus alrededores son buenos sitios en Barcelona donde probar una *calçotada,* con restaurantes que ocupan antiguas masías. La carta de una *calçotada* suele empezar con los *calçots* y *pa amb tomàquet* (pan tostado untado con tomate y ajo, y aliñado con aceite de oliva), y continuar con carnes de todo tipo, también a la parrilla. Hay restaurantes que proponen versiones sin carne, con verduras a la brasa o una paella de verduras. Entre los favoritos destacan **Can Travi Nou** (PLANO: ⓬ P. 146 **D1**), **Can Cortada** (véase ⓬), **Nou Can Martí** (PLANO: ⓭ P. 146 **A2**) y **Font de Les Planes** (PLANO: ⓮ P. 146 **A2**); se recomienda reservar con antelación.

Ponerse en plan científico en el CosmoCaixa

MUSEO

PLANO: ⓯ P. 146 **C2**

El museo de la ciencia **Cosmo-Caixa** es una de las mejores atracciones familiares de la ciudad y está en un renovado edificio modernista de ladrillo creado en 1904 como casa para personas invidentes. Está dividido en nueve zonas que estudian temas diferentes como los orígenes de la Tierra, la exploración del Antártico, los fósiles antiguos y la geología. Entre los lugares más destacados están el Bosc Inundat, una recreación de bosque pluvial amazónico de 1000 m² donde vive una gran variedad de fauna y flora, desde carpinchos y caimanes a tortugas y peces gigantes. El museo explica

LA HISTORIA DE LOS MERCADOS DE BARCELONA

Los mercados de Barcelona venden productos frescos desde hace siglos, sobre todo en La Boquería donde, al parecer, existía una suerte de mercado desde el s. XIII. En el s. XIX, cuando la ciudad empezaba a experimentar grandes cambios, muchos mercados se convirtieron en espacios bajo techado más formales, diseñados por reputados arquitectos locales como Francesc Berenguer i Mestres (protegido de Gaudí) y Antoni Rovira i Trias. En los últimos años se han restaurado muchos de los antiguos mercados barceloneses. Hoy, estos edenes suelen aglutinar puestos de productos frescos y maravillosos bares donde se puede comer y beber.

que su objetivo es educar y fomentar la conciencia conservacionista, y que todos estos animales nacieron en cautividad y no están en condiciones de ser devueltos a la naturaleza. La tormenta tropical que precipita cada 15 min no tiene desperdicio. A los niños les encantará el planetario y las salas de experimentos prácticos llenas de esferas de plasma, un péndulo de Newton gigante y robots.

Lo mejor para...

Localizaciones en el plano de la **p. 146**

€ Económico   €€ Medio   €€€ Alto

Comer

Tapas en Sant Gervasi

Rabbit's Bar €€
16 D5

Bar animado con excelentes tapas. La tempura de flor de calabacín rellena de butifarra y *brie* está de muerte. *13.00-24.00*

Bar Omar €€
17 D4

Moderno bar que sirve tapas clásicas con un toque internacional. Delicioso *cheesecake* de pistacho. *13.30-15.30 y 20.30-22.30 ma-sa, hasta 15.30 do*

Tapas 24 €€
18 D4

El chef Carles Abellán aporta su sofisticado giro personal a las tapas típicas, desde tortillas recién hechas a boquerones al limón. *11.00-23.30*

Bambarol €€
19 D4

Acogedor lugar donde probar platos como la terrina de cordero con ciruelas y piñones y el cerdo con berenjena.

13.30-15.15 ma-sa, 20.00-22.30 ju-sa

Los favoritos de Les Corts

El Maravillas €€
20 C5

Creativas tapas en un bar rústico pero chic en la bonita Plaça de la Concòrdia. *12.00-24.00 lu-ju y do, hasta 2.00 vi y sa*

L'Arrosseria Xàtiva €€
21 D5

Paellas tradicionales para comer directamente de la sartén con cuchara de madera. Tienen opciones veganas. *11.30-23.00 lu-ju y do, hasta 23.30 vi y sa*

Joncake & Wines €
22 D5

Barcelona ha enloquecido con las tartas de queso de estilo vasco del chef Jon García. *11.30-21.00 ju-lu*

Tapas en Sarrià

Bar Tomàs de Sarrià €
23 B4

Muchos barceloneses afirman que en este bar de aspecto sencillo sirven las mejores patatas bravas de la ciudad. *12.30-16.00 y 18.30-22.00 lu-sa*

El Canalla €€
24 B4

Bar rústico pero chic donde degustar tapas de calidad como tortillas hechas al momento y chips de berenjena. *12.30-24.00 lu-vi, desde 11.30 sa y do*

5° Pino €
25 B3

Bar con terraza bajo los pinos con tapas típicas, pero también salteados asiáticos y hamburguesas. *8.00-12.30 lu-vi, desde 9.00 sa y do*

Morro Fi €
26 B3

Acogedora vermutería con botellas en las paredes y una amplia carta de tapas. *Horario variable*

Cocina internacional

Chennai Masala Dosa €
27 C5

El mejor restaurante de Barcelona para cocina del sur de la India, sobre todo las *dosas* que le dan nombre, en Les Corts. *13.00-16.00 y 20.00-23.00 ma-do*

Bangkok Cafe

 C6

Lugar informal para una excelente comida tailandesa, desde pastel crujiente de gambas y ensalada de papaya verde a arroz glutinoso con mango. *13.00-16.00 y 19.00-23.00 mi-lu*

Bocconi

véase **B4**

Restaurante italiano rústico con mesas fuera. También sirve tapas como alcachofas rellenas de carrillada de cerdo y calabaza. *8.00-23.30 lu-vi, desde 10.00 sa, 10.00-17.00 do*

Restaurantes elegantes de Sarrià

Vivanda

 B4

Tapas y platillos delicados creados por el chef Jordi Vilà, que también lleva el Alkímia con estrella Michelin en el barrio de Sant Antoni. *13.00-15.30 y 20.00-22.00 lu-sa, a 15.30 do*

Tram-Tram

véase **B4**

Sofisticado restaurante mediterráneo con un patio escondido que sirve platos de carne y pescado como el arroz meloso con bogavante, sepia y langostinos. *Horario variable ma-do*

El Asador de Aranda

 C2

Señorial restaurante modernista en la Av. Tibidabo, que se especializa en lechazo hecho a la leña en un horno de arcilla. *13.00-24.00*

Beber

Cócteles y vistas

Gimlet

 D4

Los mixólogos con bata blanca crean cócteles con precisión científica. Se especializan en *dry martinis* y *gimlets. 18.00-1.00 lu-mi, hasta 2.00 ju, hasta 3.00 vi y sa*

Bar Treze

véase **B4**

Un interior chic da a una terraza trasera con luces navideñas donde disfrutar de un *gin-tonic,* en Sarrià. *8.00-1.00 do-mi, hasta 2.00 ju-sa*

Mirablau

 C1

Está al lado del funicular del Tibidabo y ofrece vistas espectaculares de la ciudad. Tiene terraza al fresco, restaurante y club nocturno. *11.00-3.00 lu-ju y do, hasta 5.00 vi y sa*

Cafeterías de Les Corts

Hidden Coffee Roasters

 C5

Cafetería de especialidad que sirve cafés de todo el mundo, tés *matcha* y tentempiés como cruasanes y boles de *açaí. 8.00-19.00*

Brooklyn Café

 C5

Relajada cafetería, sirve desde flautas a *bagels* y tartas. *6.30-20.00 lu-vi, 8.30-14.00 sa y do*

Chez Poppy

 C5

Sofisticada cafetería que sirve *brunch,* tapas y hamburguesas. *8.00-22.00 lu-vi, 9.00-23.00 sa, 9.30-21.00 do*

Onyva Coffee

 C5

Cafetería minúscula para un buen café matutino, más rollitos de canela, pastelitos y *cookies. 8.00-19.00 lu-vi, 9.00-14.00 sa y do*

Comprar

Mercados

Mercat de Galvany

 D4

Uno de los mercados de hierro forjado con el diseño más bonito de Barcelona, inaugurado en 1927. *7.00-14.30 lu-sa*

Sugerencias de lugares para comer, beber y comprar en **p. 169**

Explora
Montjuïc, el Poble-sec y Sant Antoni

Entre el centro de la ciudad y la Plaça d'Espanya se hallan los barrios de Sant Antoni, el Poble-sec y Montjuïc. Sant Antoni se ha convertido en uno de los lugares más de moda de Barcelona, con bares y restaurantes, sobre todo en el Carrer del Parlament. Al sur, el Poble-sec, el principal distrito del ocio de la ciudad entre las décadas de 1910 y 1960, hoy es más un barrio de gente trabajadora, con la mejor calle para salir de bares de *pintxos*: el Carrer de Blai. Y por detrás del Poble-sec despunta Montjuïc (173 m), un monte con pinos que se transformó para la Exposición Internacional de 1929 y los Juegos Olímpicos de 1992, y hoy alberga algunos de los mejores museos de Barcelona, miradores y un castillo antiguo.

Cómo desplazarse

 **Teleférico**
Lo más rápido para ir a Montjuïc es tomar el Telefèric del Port, desde la Torre de Sant Sebastià, en la Barceloneta, hasta los Jardins de Miramar, en Montjuïc. Además está el Telefèric de Montjuïc, que va de la estación Parc Montjuïc al castillo de Montjuïc.

A pie
Desde la Plaça d'Espanya hay escaleras (también mecánicas) que suben a Montjuïc.

Autobús y funicular
Para ir a Montjuïc se puede tomar el bus nº 150 o el funicular desde la estación de Paral·lel.

Metro
Sant Antoni (L2), Poble Sec (L3) y Espanya (L3) están bien comunicadas en metro.

 Telefèric del Port.
EVGENIJ/SHUTTERSTOCK ©

LO MEJOR

GALERÍA CONTEMPORÁNEA
Fundació Joan Miró (p. 160)

CALLE DE 'PINTXOS'
Carrer de Blai (p. 169)

ARTE CATALÁN
Museu Nacional d'Art de Catalunya (p. 158)

MERCADO LOCAL
Mercat de Sant Antoni (p. 164)

REFUGIOS VERDES
Jardines de Montjuïc (p. 165)

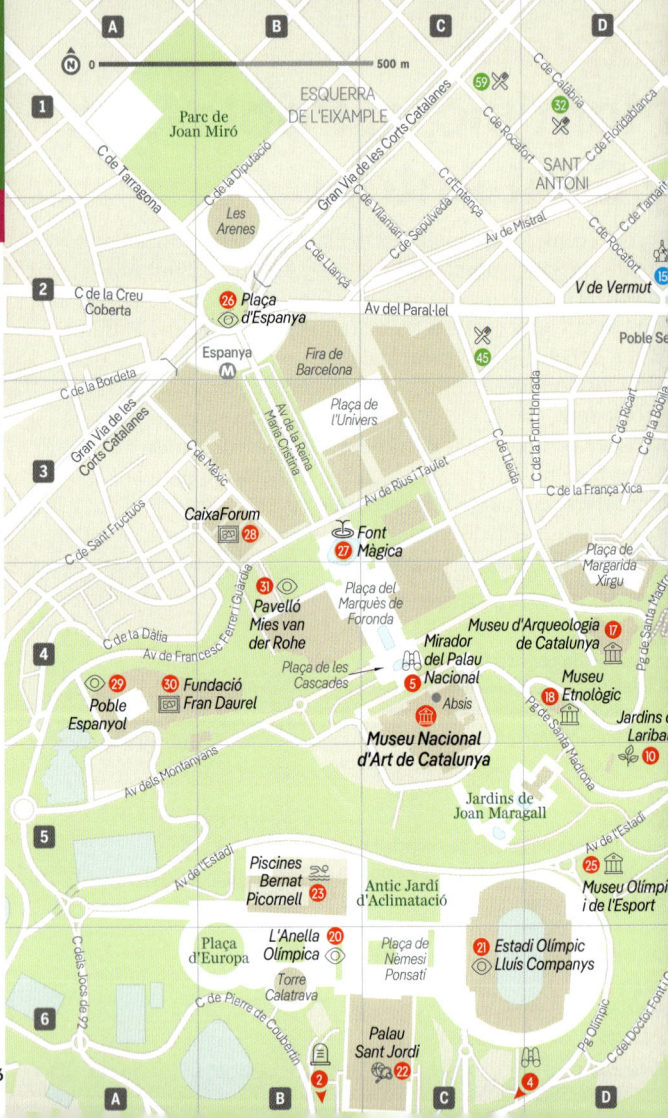

ESQUERRA
DE L'EIXAMPLE

SANT
ANTONI

Parc de
Joan Miró

C de Tarragona

C de la Diputació

Gran Via de les Corts Catalanes

C de Rocafort

C d'Entença

Av de Mistral

C de Calàbria

C de Floridablanca

C de Tamarit

C de Rocafort

59

32

15

Les
Arenes

C de la Creu
Coberta

C de Llançà

C de Sepúlveda

C de Vilamarí

V de Vermut

26 Plaça
d'Espanya

Av del Paral·lel

Poble Se

Espanya
M

Fira de
Barcelona

45

C de la Bordeta

Gran Via de les
Corts Catalanes

C de Mèxic

Av de la Reina
Maria Cristina

Plaça de
l'Univers

C de Lleida

C de la Font Honrada

C de Ricart

C de la Bòbila

C de Sant Fructuós

Plaça de
Margarida
Xirgu

C de Vila i Vilà

CaixaForum
28

27 Font
Màgica

Av de Rius i Taulet

C de la França Xica

31

Pavelló
Mies van
der Rohe

C de la Dàlia

Av de Francesc Ferrer i Guàrdia

Plaça del
Marquès de
Foronda

Plaça de les
Cascades

Mirador
del Palau
Nacional

5

Museu d'Arqueologia
de Catalunya

17

Museu
Etnològic

18

Pg de Santa Madrona

29

30 Fundació
Fran Daurel

Absis

Jardins
Lariba

10

Poble
Espanyol

Museu Nacional
d'Art de Catalunya

Av dels Montanyans

Jardins de
Joan Maragall

Av de l'Estadi

Piscines
Bernat
Picornell

23

Antic Jardí
d'Aclimatació

25 Museu Olímpic
i de l'Esport

Av de l'Estadi

Plaça
d'Europa

L'Anella
Olímpica

20

Plaça de
Nèmesi
Ponsatí

21 Estadi Olímpic
Lluís Companys

C dels Jocs de 92

Torre
Calatrava

C de Pierre de Coubertin

Palau
Sant Jordi

2

22

4

Pg Olímpic

C del Doctor Font i

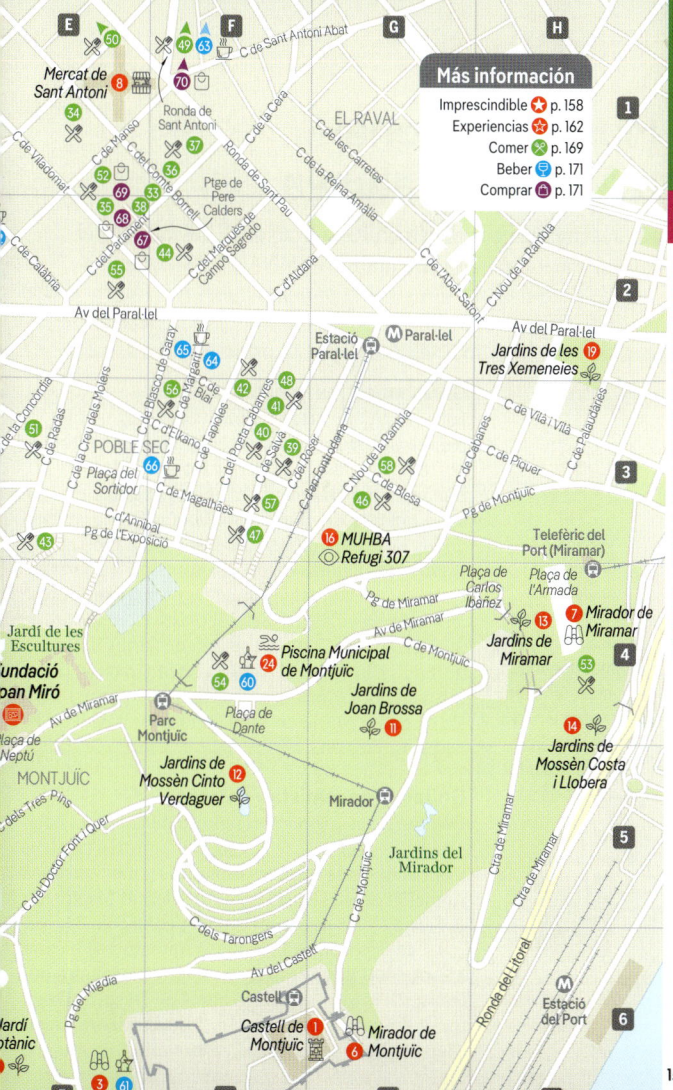

Más información

Imprescindible	⭐	p. 158
Experiencias	⭐	p. 162
Comer	✖	p. 169
Beber	🍷	p. 171
Comprar	🛍	p. 171

Mercat de Sant Antoni

EL RAVAL

Ronda de Sant Antoni

C de Sant Antoni Abat
C de la Cera
C de les Carretes
C de la Reina Amàlia
C de Sant Pau
Ptge de Pere Calders
C del Marquès de Campo Sagrado
C d'Aldana
C de l'Abat Safont
C Nou de la Rambla

C de Viladomat
C de Manso
C del Comte Borrell
C del Parlament
C de Calàbria

Av del Paral·lel

Estació Paral·lel · Ⓜ Paral·lel

Av del Paral·lel

Jardins de les Tres Xemeneies 19

POBLE SEC

C de Blasco de Garay
C de Magalhães
C d'Annibal
Pg de l'Exposició
Plaça del Sortidor
C de Margarit
C de Blai
C de Blesa
C de Tapioles
C de Elkano
C de Poeta Cabanyes
C de Salvà
C del Roser
C de Fontrodona
C Nou de la Rambla
C de Vilà i Vilà
C de Cabanes
C de Piquer
C de Palaudàries

MUHBA Refugi 307 16

Telefèric del Port (Miramar)

Plaça de Carlos Ibáñez
Plaça de l'Armada
Pg de Miramar
Av de Miramar
C de Montjuïc

Mirador de Miramar 7

Jardins de Miramar 13

Jardí de les Escultures

Fundació Joan Miró

Av de Miramar

Plaça de Neptú

MONTJUÏC

C dels Tres Pins

Piscina Municipal de Montjuïc 24

Parc Montjuïc

Plaça de Dante

Jardins de Joan Brossa 11

Jardins de Mossèn Costa i Llobera 14

Jardins de Mossèn Cinto Verdaguer 12

Mirador

C de Montjuïc

Jardins del Mirador

C dels Tarongers

C del Doctor Font i Quer
Pg del Migdia

Av del Castell

Castell

Ronda del Litoral
Ctra de Miramar

Ⓜ Estació del Port

Castell de Montjuïc 1

Mirador de Montjuïc 6

Jardí Botànic

Museu Nacional d'Art de Catalunya

El espectacular y neobarroco Palau Nacional, que alberga el Museu Nacional d'Art de Catalunya (MNAC), destaca en las laderas de Montjuïc. Construido para la Exposición Internacional de 1929, atesora una enorme colección, sobre todo de arte catalán, que va desde la Alta Edad Media hasta principios del s. xx.

PLANO: P. 156 **C4**

CONSEJO
El acceso es gratis los sábados a partir de las 15.00 y el primer domingo del mes. También se recomienda reservar la entrada gratuita a través de su web.

Escanea este código QR para precios y horarios.

Obras maestras románicas

La colección de arte románico es el mayor compendio de arte altomedieval que hay en el mundo: 21 frescos, tallas de madera y frontales de altar pintados, rescatados a principios del s. xx de iglesias abandonadas del norte de Cataluña. Se han recreado los interiores de varias iglesias para mostrar los frescos, en algunos casos, incompletos, y en otros, extraordinariamente completos y de vivos colores. De sus maravillas destacar el *Cristo en Majestad* (año 1123; Sala 7) de la Església de Sant Climent de Taüll, y la *Virgen María y el Niño* (Sala 9) de la misma época (aprox.), en su día en la cercana Església de Santa Maria de Taüll, ambas en la Vall de Boí, en pleno Pirineo.

Gótico, renacentista y barroco

Delante de la colección románica de la planta baja está la sección de arte gótico, con pinturas catalanas y obras de otras regiones españolas y mediterráneas. Atención especial a las piezas de Bernat Martorell en la Sala 32 y las de Jaume Huguet en la Sala 34.

La galería dedicada al Renacimiento y al barroco atesora 300 piezas españolas e internacionales de los ss. xvi al xviii, e incluye obras de Diego Velázquez, Francisco de Zurbarán, José de Ribera, Goya, Tiepolo, Rubens, El Greco y Canaletto.

GELIA/SHUTTERSTOCK ©

Arte catalán moderno

En el último piso, la colección se decanta hacia el arte moderno, pero no solo catalán. Estas galerías están ordenadas por temas (Modernismo, Novecentismo, Arte y Guerra Civil, etc.) con maravillas como una pintura temprana de Salvador Dalí, *Retrato de mi padre,* obras tipo *collage* de Juan Gris, los excelentes retratos de Marià Fortuny, y el cartelismo antifranquista de la década de 1930 (que complementan fotos de soldados y de lugares de la ciudad bombardeados). También hay obras de pintores modernistas como Ramon Casas y Santiago Rusiñol. Además se exhiben mobiliario y objetos de decoración modernistas, que incluyen sillas de Gaudí y el mural de Ramon Casas (el artista y Pere Romeu montados sobre un tándem) que antaño adornaba el mítico bar-restaurante **Els Quatre Gats** (p. 48).

UNA PAUSA
En fin de semana, reservar con antelación en el **Restaurant Absis,** en el antiguo Salón del Trono del palacio. Otra opción es bajar a pie hasta el **Xemei** o **La Platilleria.**

EXPLORA

MONTJUÏC, EL POBLE-SEC Y SANT ANTONI

Fundació Joan Miró

En las verdes laderas de Montjuïc, la Fundació Joan Miró alberga la mayor colección del mundo de obras del pintor, escultor, grabador y ceramista catalán Joan Miró. El luminoso edificio es ya una obra de arte en sí misma y fue proyectado por el arquitecto catalán Josep Lluís Sert, amigo de Miró.

PLANO: P. 156 **E4**

CONSEJO
El museo ofrece audioguías descargables gratuitas y guías. Consultar los horarios antes para las visitas comentadas de 1 h. El adosado **Jardí de les Esculteres** es ideal para un pícnic.

Escanea este código QR para horarios, entradas y demás.

Historia y arquitectura

El luminoso edificio creado por Josep Lluís Sert establece un diálogo entre arte, espacio y naturaleza y es uno de los recintos museísticos más extraordinarios del mundo. Sert también proyectó el estudio de Joan Miró en Palma de Mallorca. La fundación fue creada por Miró y expone obras de su colección privada, pero también de la familia y amigos. Abrió en 1975 y presenta más de 200 pinturas, 150 esculturas, nueve piezas textiles y 9000 dibujos. Como solo se exhibe una pequeña parte de la colección, se recomienda consultar antes las exposiciones venideras. Entre las galerías hay fuentes arquitectónicas, olivos y patios.

Miró y Sert diseñaron un recorrido por el museo, con lugares donde el visitante puede detenerse y descansar como los patios con vistas a la ciudad. La ruta también lleva a los visitantes al exterior, con esculturas de Miró en la pasarela de la azotea y en el jardín.

Obras importantes de Miró

La colección exhibe el estilo atrevido y las formas abstractas simbólicas tan personales de Miró, con una disposición sensible de las piezas para dar una amplia visión de su trayectoria artística, desde sus primeros trabajos a las obras maestras

FUNDACIÓ JOAN MIRÓ: BUILDING AND COLLECTION ©

posteriores y el arte de sus últimos años. Las piezas relacionadas con el surrealismo y la Guerra Civil son especialmente conmovedoras por su significado artístico y poético. Entre las imprescindibles destacan el *Tapiz de la Fundació* (1979), una gigantesca obra textil en los vivos colores que caracterizan su obra; *Personaje delante del sol* (1968), que llama la atención por su gestualidad controlada; y *Hombre y mujer frente a un montón de excrementos* (1935), que canaliza una energía sombría que presagia la inminente Guerra Civil.

La colección también incluye obras de contemporáneos de Miró, como la fascinante *Fuente de Mercurio,* creada originalmente para la Exposición Internacional de París de 1937 por el estadounidense Alexander Calder.

UNA PAUSA
En la galería hay un café. Otra opción es caminar 500 m hacia el este por la Av. Miramar para unas tapas, unas cervezas y vistas espectaculares en **Salts Montjuïc.**

CIRCUITO A PIE

El ocioso Poble-sec

A principios del s. xx, el Poble-sec era el barrio del ocio y de los espectáculos de Barcelona, con salas de conciertos, cabarets y teatros, y donde aún quedan algunos espacios escénicos importantes. Esta ruta pasa por el patrimonio teatral del barrio, descubriendo esquinas escondidas, plazas arboladas, mercadillos, arquitectura inesperada y un buen ejemplo de arte urbano de Barcelona.

INICIO	FINAL	DURACIÓN
Jardins de les Tres Xemeneies	Casa dels Cargols	1,6 km; 30 min

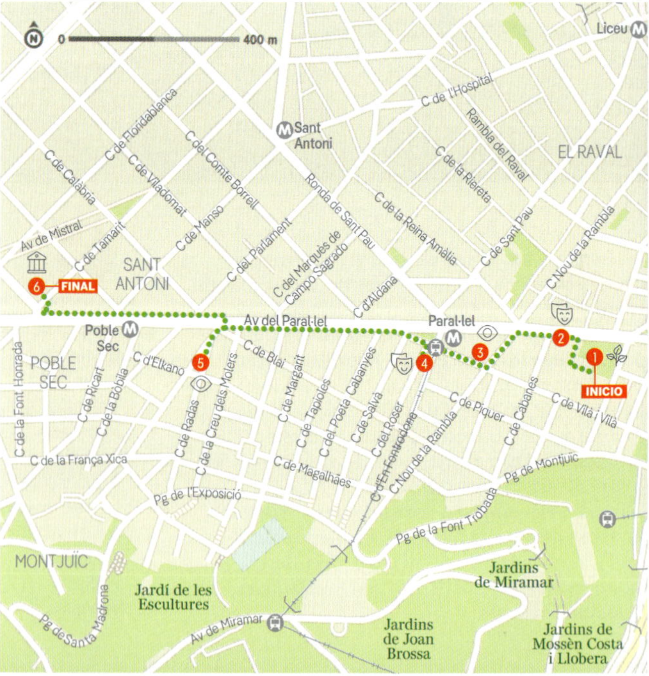

① Epicentro de arte urbano

La ruta empieza en los **Jardins de les Tres Xemeneies,** que rodean las tres chimeneas de una antigua central eléctrica. Hoy se han convertido en un parque de *skate* enmarcado por arte urbano del bueno. De salir un sábado, se coincidirá con el **Mercat de la Terra,** un mercadillo de *slow food*.

② Mundo del teatro

El Poble-sec se conocía en su día como el "Broadway de Barcelona" y se comparaba al Montmartre de París por su gran oferta teatral. Hay que dirigirse a la **Avinguda Paral·lel,** donde aún quedan algunos teatros. Este ancho bulevar se llama así porque discurre en paralelo a la línea del ecuador. Hay que seguir hacia la izquierda por el Paral·lel hasta el Carrer Nou de la Rambla.

③ Esquina histórica

Hay que girar a la izquierda y después a la derecha por el Carrer de Vila i Vilà, donde está el **Abeurador del Poble-sec,** un viejo abrevadero de piedra para los caballos.

④ Icono del cabaret

Se sigue hasta el final de la calle hasta **El Molino,** un mítico teatro que llamaban el Petit Moulin Rouge, con un molino de viento como fachada y una programación de conciertos, sesiones de club, monologuistas, flamenco, etc.

⑤ Plaza antigua

Hay que salir a la Avinguda Paral·lel y seguir hasta el Carrer de Radas y la **Plaça del Setge de 1714,** una de las plazas más antiguas de Barcelona, que fue testigo de la conquista de las tropas borbónicas tras el asedio de 1714 a la ciudad. Los barceloneses acuden aquí cada año el 11 de septiembre durante el Día Nacional de Cataluña (la Diada) para depositar coronas de flores y ondear la señera.

⑥ Arquitectura modernista

Se regresa al Paral·lel y se sigue por él antes de girar a la derecha por el Carrer Tamarit. En la esquina, en el nº 89, se halla la fabulosa **Casa dels Cargols** (Casa de los Caracoles): un bloque de pisos modernista de intensos colores rosas con trabajados balcones de hierro forjado y delicados bajorrelieves. Quien se coloque debajo de los balcones entenderá el porqué del nombre.

EXPERIENCIAS

Visitar el castillo y cementerio de Montjuïc   CASTILLO

En la cima de Montjuïc, el imponente **Castell de Montjuïc** (PLANO: ❶ P. 156 **G6**) es una fortaleza militar con vistas épicas del Mediterráneo. El actual edificio es de los ss. XVII y XVIII, pero sus orígenes como atalaya se remontan al 1073. Durante su tenebrosa historia, el castillo ha sido prisión política y patíbulo de anarquistas a finales del s. XIX, de fascistas durante la Guerra Civil y de republicanos después de la contienda –aquí se fusiló a Lluís Companys, presidente republicano de Cataluña en 1940–. Las visitas guiadas recorren partes del castillo que solo se pueden ver así, como los calabozos.

Cerca, en el lado de mar de Montjuïc, el extenso **Cementiri de Montjuïc** (PLANO: ❷ P. 156 **B6**) de 1883 es la última morada de infinidad de personajes ilustres, desde Joan Miró a Josep Puig i Cadafalch. También aquí se halla la mayor fosa común de víctimas del franquismo en Cataluña, hoy un monumento en su recuerdo. A un lado, un estanque umbrío acoge la tumba de Lluís Companys.

Explorar el Mercat de Sant Antoni   MERCADO

PLANO: ❽ P. 156 **E1**

En el corazón del barrio de Sant Antoni se encuentra el modernista **Mercat de Sant Antoni,** del s. XIX, una inmensa estructura de hierro de colores burdeos y amarillo con un tejado octogonal, inaugurada en 1882. Fue proyectado por Antoni Rovira i Trias, también autor de los mercados municipales del Born, la Barceloneta y La Concepció. Fue el primer mercado que se construyó fuera de las murallas medievales. Tras una renovación que duró nueve años y costó 80 millones de euros, reabrió en el 2018, convirtiendo Sant Antoni en uno de los barrios del momento. Alrededor del mercado de alimentación se despliega un mercadillo de ropa y objetos del hogar, mientras el **Mercat Dominical de Sant Antoni** instala puestos de libros de viejo bajo los pasillos y porches cubiertos. También hay excelentes sitios para comer. Se puede pasar por el mítico **Bar Pinotxo,** que se trasladó hace poco aquí desde La Boqueria (p. 36), donde estuvo desde 1940.

Pasear por los jardines de Montjuïc   JARDINES

Las laderas de Montjuïc forman un mosaico de jardines y espacios verdes, ideales para pícnics, jugar y refugiarse del sol en verano. Se podría pasar un día entero aquí descubriéndolos todos o disfrutando de una tarde plácida junto a estanques o fuentes y lejos del bullicio urbano. El pequeño **Jardí Botànic** (PLANO: ❾ P. 156 **E6**) está dedicado a la flora mediterránea y a otros sitios de clima similar como por ejemplo las islas Canarias, África del Norte, Australia, California, Chile y Sudáfrica.

Hay otros refugios verdes como los **Jardins de Laribal** (PLANO: 10 P. 156 **D5**), al lado de la Fundació Joan Miró, con fuentes y espalderas con glicinias enredadas; los contiguos **Jardins de Joan Brossa** (PLANO: 11 P. 156 **G4**), que gustan a los críos; o los **Jardins de Mossèn Cinto de Verdaguer** (PLANO: 12 P. 156 **F5**), con estanques con nenúfares. Cerca del Hotel Miramar, no hay que perderse los **Jardins de Miramar** (PLANO: 13 P. 156 **H4**), con vistas a la ciudad, ni los **Jardins de Mossèn Costa i Llobera** (PLANO: 14 P. 156 **H4**), uno de los mayores jardines de cactus y plantas crasas de Europa.

Participar de la hora del vermut
COMIDA Y BEBIDA

Sant Antoni es uno de los mejores barrios para salir a tomar un vermut, sobre todo por el Carrer del Parlament. Hay que tener en cuenta que en Barcelona, *"fer el vermut"* (hacer un vermut) forma parte de la cultura local. *L'hora del vermut* empieza justo antes del almuerzo, de 12.00 a 13.00, y sirve, además de para tomar una copa de vermut, para socializar y degustar tapas. Recomendables para un vermut son **Els Sortidors del Parlament** (p. 169), **Bar Calders** (p. 169) y **V de Vermut** (PLANO: 15 P. 156 **D2**).

Bajar al subterráneo Refugi 307
VISITA GUIADA

PLANO: 16 P. 156 **G3**

A los pies de la montaña de Montjuïc se halla uno de los muchos re-

LOS MEJORES MIRADORES DE MONTJUÏC

Mirador del Migdia
PLANO: 3 P. 156 **E6**
Detrás del castillo, con algunas de las mejores vistas del puerto y los barcos.

Mirador d'Ocell de Mar
PLANO: 4 P. 156 **D6**
Más arriba del Cementiri de Montjuïc, he aquí un lugar romántico para contemplar el atardecer.

Mirador del Palau Nacional
PLANO: 5 P. 156 **C4**
Al final de las escaleras y delante del MNAC, para disfrutar de las vistas panorámicas de la ciudad.

Mirador de Montjuïc
PLANO: 6 P. 156 **G6**
En lo alto del Castell de Montjuïc, con vistas increíbles de 360° de la ciudad y el mar.

Mirador de Miramar
PLANO: 7 P. 156 **H4**
Delante de los Jardins de Miramar, para admirar los Jardins de les Tres Xemeneies y más allá.

fugios antiaéreos de la Guerra Civil en Barcelona. A lo largo de todo el conflicto, la ciudad sufrió 192 bombardeos, y hay unos 1322 refugios, aunque muy pocos se pueden visitar. Uno de los mejores es el **MUHBA Refugi 307,** con 400 m de túneles arqueados por debajo de Montjuïc. Los guías explican las reglas del refugio, un poco de historia de los bombardeos, cómo era esperar a que cayeran las bombas aquí junto a otras 2000 personas, cómo se actuaba si a alguien le entraba un ataque de pánico y cómo se entretenía a los niños.

Solo se puede visitar en domingo y en un circuito guiado (10.30 en inglés, 11.30 en castellano y 12.30 en catalán). Reserva previa a través de Turisme de Barcelona *(barcelo na.cat)*.

De bares por el Carrer de Blai
COMIDA Y BEBIDA

Los *pintxos* son la exportación más famosa del País Vasco y, aunque no son cocina catalana *per se,* son una parte clave del panorama gastronómico de Barcelona –y en el **Carrer de Blai** (PLANO P. 156), en el corazón del Poble-sec, los bordan–. Esta animada calle peatonal está llena de bares de *pintxos,* pero en las noches más concurridas, la gente ocupa las calles. Estas exquisiteces (1-2 € por *pintxo*), expuestas por toda la barra, se acompañan con una copa de vino local o cerveza. Cuando uno ha terminado, el camarero cuenta los palillos y entrega la cuenta. Para recomendaciones, véase p. 169.

Conocer los otros museos de Montjuïc
MUSEO

Además de las galerías estelares, hay otras maravillas culturales en Montjuïc. Para descubrir algunas riquezas arqueológicas de Cataluña hay que ir al **Museu d'Arqueologia de Catalunya** (PLANO: 17 P. 156 D4), alojado en el Pabellón de Artes Gráficas de la Exposición Internacional de 1929; entre sus maravillas destacan una mandíbula humana de 53 200 años hallada cerca de Sitges y el mosaico romano *Les Tres Gràcies.*

También se puede conocer el folclore catalán en el **Museu Etnològic** (PLANO: 18 P. 156 D4), con 70 000 piezas donde destacan las exposiciones de *gegants* (gigantes de papel maché) y la antigua indumentaria de demonios y un dragón utilizados en los *correfocs* de Cataluña.

 FESTA DELS TRES TOMBS

La fiesta de Els Tres Tombs solo se celebra en dos barrios de Barcelona: en Sant Antoni y en Sant Andreu. Está dedicada a san Antonio Abad, patrón de los animales domésticos, y se celebra cada año en torno al 17 de enero. Durante esta festividad, caballos y carruajes, burros y personas montadas en ponis desfilan por las calles del barrio y lanzan caramelos a los niños. Después del pasacalle, la gente lleva a sus mascotas –normalmente perros y gatos– para que el sacerdote local los rocíe con agua bendita. Como casi todas las festividades catalanas, Els Tres Tombs también programa un *correfoc* por la noche, donde los diablos armados con horcas espantan a los asistentes con fuego.

Empaparse de arte urbano local
JARDINES

PLANO: **19** P. 156 **H2**

Los **Jardins de les Tres Xemeneies,** más un parque de *skate* que unos jardines, toman su nombre de las tres imponentes chimeneas de ladrillo que se alzan en su centro. Estos humeros son todo lo que queda de una central eléctrica construida entre 1896 y 1912. La central fue desmantelada a principios del s. xx y hoy el espacio se ha convertido en un popular lugar de encuentro rodeado por paredes con grafitis, zonas de juegos infantiles, obras escultóricas y mesas de pimpón. Desde el 2012, el proyecto Murs Lliures ha permitido que artistas locales e internacionales pinten aquí libremente, con lo que es probable ver algo del mejor arte urbano de la ciudad.

Los sábados, de 9.00 a 15.00, los jardines acogen el **Mercat de la Terra,** una suerte de mercadillo agrícola de productos ecológicos y de proximidad, con cremoso queso de cabra, vinos naturales o pan de aceite recién hecho, entre otras muchas delicias. También se suele preparar una enorme paella.

Descubrir las reliquias olímpicas de Montjuïc
ESTADIO, MUSEO

Detrás del MNAC, en la montaña de Monjuïc, se construyó para los Juegos Olímpicos de 1992 la **Anella Olímpica** (PLANO: **20** P. 156 **B6**). La joya de la corona es el **Estadi Olímpic Lluís Companys** (PLANO: **21** P. 156 **C6**), de entrada gratuita, pero hay otros recintos destacados como el **Palau Sant Jordi** (PLANO: **22** P. 156 **C6**), un pabellón deportivo diseñado por el arquitecto japonés Arata Isozaki, y la nívea torre de comunicaciones de 136 m de Santiago Calatrava. También hay dos piscinas olímpicas que aún se utilizan: las **Piscines Bernat Picornell** (PLANO: **23** P. 156 **B5**) dentro del propio anillo olímpico, y la **Piscina Municipal de Montjuïc** (PLANO: **24** P. 156 **F4**, *solo jun-sep*) que ofrece unas vistas apoteósicas y que quizá se reconozca por el videoclip *Illusion* de Dua Lipa. A un corto paseo del Estadi Olímpic, se puede aprender a entrenar como un deportista olímpico en el **Museu Olímpic i de l'Esport** (PLANO: **25** P. 156 **D5**), donde se pueden buscar artículos como las zapatillas de baloncesto de Michael Jordan o la bicicleta de Miguel Induráin, el primer ciclista de la historia que ganó el Tour de Francia cinco años consecutivos.

Visitar los monumentos de la Exposición Internacional
ARQUITECTURA

De subida desde la **Plaça d'Espanya** (PLANO: **26** P. 156 **B2**) al **Museu Nacional d'Art de Catalunya** (p. 158) se pasará por algunas joyas arquitectónicas creadas para la Exposición Internacional de 1929. Empiezan en la Plaça d'Espanya, una enorme rotonda con una fuente monumental; sus dos torres venecianas (tal y como las llaman) recuerdan el campanario de la Piazza San Marco de Venecia. La señorial

Avinguda de la Reina María Cristina se extiende desde las torres a la gran **Font Màgica** (PLANO: ㉗ P. 156 **B3**), una fuente gigantesca con espectáculos nocturnos de agua y música (debido a la sequía, en el momento de redactar esta guía llevaban dos años apagadas).

Detrás de las fuentes están *Les quatre columnes,* cuatro enormes columnas griegas, diseñadas por el arquitecto modernista Josep Puig i Cadafalch, que representan las cuatro barras de la bandera catalana. Una serie de escaleras de piedra y también mecánicas suben al visitante entre los palacios de Alfonso XIII y Victoria Eugenia, construidos para la Exposición y proyectados por Puig i Cadafalch.

Admirar el arte contemporáneo
GALERÍA

PLANO: ㉘ P. 156 **B3**

Al sur de la Plaça d'Espanya, el **CaixaForum** alberga una impresionante colección de arte contemporáneo y fascinantes exposiciones internacionales en la antigua fábrica Casaramona, una sobresaliente obra modernista de ladrillo de Josep Puig i Cadafalch totalmente renovada. De 1940 a 1993, el edificio albergó el Primer Escuadrón de Caballería del Cuerpo de Policía y Parque Móvil. Su fuerte son las exposiciones temporales.

Darse una vuelta por toda España
ARQUITECTURA

El **Poble Espanyol** (PLANO: ㉙ P. 156 **A4**) permite descubrir diferentes regiones españolas en un par de horas, como el enjalbegado pueblo andaluz de Arcos de la Frontera, las viejas casas aragonesas de Albarracín y la ciudad gallega de Pontevedra. Esta atracción fue creada para la sección de artesanías locales de la Exposición Internacional de 1929 e incluye más de 100 réplicas de importantes edificios de toda España. Todo el complejo está salpicado con talleres artesanales, aunque por la noche se transforma en un popular destino de ocio. Otro lugar destacado es la **Fundació Fran Daurel** (PLANO: ㉚ P. 156 **A4**), una relevante galería que expone arte catalán con obras importantes de Dalí, Picasso y Tàpies.

Descubrir un clásico moderno
ARQUITECTURA

PLANO: ㉛ P. 156 **B4**

Proyectado en cristal, acero y mármol en 1929 por Ludwig Mies van der Rohe (1886-1969) para la Exposición Internacional, el curioso y artísticamente sencillo **Pavelló Mies van der Rohe** es el ideal de la arquitectura moderna, y ha inspirado a diversas generaciones de arquitectos que vinieron después. Fue destruido después de la Exposición y reconstruido en la década de 1980, tras ser considerada una de las obras clave de la arquitectura moderna. Dicho esto, a menos que el viajero se pirre por la arquitectura, no hay mucho por ver más allá de un rápido paseo alrededor del exterior del edificio.

SUGERENCIAS

Lo mejor para...

€ Económico €€ Medio €€€ Alto

Comer

Lugares para un 'brunch'

Egg Lab €€
 D1
Café sofisticado donde comer unos huevos de cualquier forma imaginable, desde el sándwich Alaska Royale al turco o de pastrami y huevo. El de huevos y pollo al estilo coreano está de muerte. *9.00-16.00 lu-vi, hasta 17.00 sa y do*

Federal €
33 **F1**
Desayunos australianos todo el día. Fue uno de los primeros que sirvieron *brunch* en Barcelona. *9.00-16.00*

La Desayunería €
34 **E1**
Típica cafetería estadounidense para tortitas y torrijas con sirope. *9.00-20.00*

Tapas en Sant Antoni

Bar Calders €
35 **E2**
Excelente para unos vinos y vermut acompañados de tapas modernas: flautas, humus, nachos, etc. *Horario variable*

Sucursal Aceitera €€
36 **F1**
Lugar chic en una antigua fábrica de aceite de oliva. Tapas típicas con un toque elegante y tortillas de trufa. *18.00-24.00 lu-ma, 12.00-24.00 mi-sa, 12.00-17.00 do*

Els Sortidors del Parlament €
 F1
Bar rústico con muebles antiguos, ideal para un maridaje de vino y quesos, o unas tapas deliciosas. *Horario variable mi-lu*

Bodega Vinito €
38 **E2**
Decorado con viejas barricas y azulejos como las bodegas de antaño. Tapas tradicionales bien hechas. *Horario variable*

Bares de 'pintxos'

Blai 9 €
 F3
Pintxos creativos, como las mini tortitas con queso de cabra y pimiento e incluso mini churros de postre. *12.00-24.00*

Localizaciones en el plano de la p. 157

La Tasqueta de Blai €
40 **F3**
Pinchos innovadores como calamar frito en pan de sésamo y el cucurucho de gambas a la parrilla. *12.00-24.00 lu-ju y do, hasta 1.00 vi y sa*

La Esquinita de Blai €
41 **F3**
Aquí un vaso de *txakoli* vasco marida a la perfección con una mini brocheta de gambas a la parrilla o de chorizo con huevo frito. *Horario variable*

Pincho J €
 F3
Para maridar una copa de tinto con *pintxos* de queso manchego, miel y nueces o mini salchicha con salsa romesco. *12.00-24.00 do-ju, hasta 1.00 vi y sa*

Cocina italiana

Xemei €€€
 E3
Restaurante veneciano que elabora platos como los *pappardelle* con ragú con ingredientes locales. *13.30-15.30 y 20.00-22.30*

Benzina
44 F2

Restaurante italiano en un garaje rehabilitado, con una carta que cambia a menudo y unos cócteles criminales; también lleva el vecino **Doppietta.** *Horario variable*

Tapas en el Poble-sec

Casa de Tapas Cañota
45 C2

Platillos para compartir, tapas tradicionales y arroces. *13.00-16.00 y 19.30-23.00 ma-mi, 13.00-23.00 sa y do*

Bar Seco
46 G3

Relajado bar urbano donde confluyen tapas creativas y clásicas. Perfecto para un cóctel o un vermut. *12.00-17.00 lu-ju, hasta 19.00 sa y do*

La Platilleria ⓔⓔ
47 F3

Pequeño bar con tapas creativas, preparadas con ingredientes frescos locales como cordero con salsa de manzana o curri de zanahorias. *19.30-23.00 mi-do*

Quimet i Quimet
48 F3

Un clásico familiar desde 1914, para comer de pie. Para probar montaditos hechos al momento con uno de los 500 vinos.

12.00-16.00 y 18.00-22.30 lu-vi

Restaurantes catalanes

Bodega Sepúlveda ⓔⓔ
49 F1

Taberna familiar, favorita desde 1952, especializada en platos tradicionales catalanes. *13.00-16.30 y 10.00-24.00 ma-sa*

Can Cargolet
50 E1

Las enormes cazuelas con caracoles al horno o con salsa de tomate son lo que se lleva aquí. *Horario variable*

Taverna Can Margarit
51 E3

Antiguo almacén de vinos con viejas barricas y enormes velas donde probar los caracoles y el conejo al ajillo. *20.30-23.30 lu-ju y sa*

Maleducat ⓔⓔ
52 E1

Deliciosos platos para compartir cerca del Mercat de Sant Antoni *13.15-16.00 y 20.00-23.00 lu-sa*

En Montjuïc

Martínez ⓔⓔⓔ
53 H4

Especialistas en paellas y barbacoas en los jardines de Miramar, con vistas fabulosas del puerto. *13.00-24.00 lu-ju y do, hasta 1.00 vi y sa*

El Xalet de Montjuïc ⓔⓔⓔ
54 F4

Espectacular terraza con vistas a la ciudad. Clásicos mediterráneos de nivel superior. *13.00-16.00 y 20.00-23.00*

Cafés de Sant Antoni

Cafè Cometa ⓔ
55 E2

Cafetería artística que sirve cafés deliciosos, sándwiches, pasteles caseros y boles de granola. *Horario variable*

Manso's Cafe ⓔ
véase **12** F5

Café de elegancia escandinava para una *fika* sueca y unos rollitos de canela caseros; también sirve *brunches. 8.00-19.30 lu-vi, 8.30-19.30 sa y do*

Tacos y ceviche

Chamako
56 F3

Informal cantina de fusión mexicana-asiática con platos innovadores como tacos de gambas y *kimchi* o nachos con carne desmechada de pato. *Horario variable mi-lu*

Lascar 74
57 F3

Bar peruano de *pisco sour* y ceviche. También sirve pescado y marisco deliciosos y curris inspirados en el sureste asiático. *Horario variable*

Otros favoritos internacionales

TAiTU
58 G3

Cómodo café etíope con pan *injera* tradicional y guisos especiados. Ideal para veganos. *13.00-16.30 sa y do, 19.30-24.00 ma-do*

Baby Jalebi
59 C1

Especialistas en comida callejera paquistaní como *pakoras, samosas* y curris. Fabuloso para vegetarianos. *13.00-16.00 y 19.00-23.00 lu-sa, 13.00-16.00 y 19.30-23.00 do*

Beber

Vistas apoteósicas
Salts Montjuïc
60 F4

Cervezas, patatas bravas y porciones de *pizza* en este lugar informal con vistas a la piscina olímpica de saltos de trampolín, panorámicas increíbles de la ciudad y música en directo. *Horario variable*

La Caseta del Migdia
61 E6

A este bar se accede por una pasarela por detrás del castillo; las vistas del puerto son extensas y la música, antológica. *12.00-18.00 sa y do*

Café en Sant Antoni
Origin
62 E2

Café de especialidad como más guste, desde *flat whites* a café hecho en frío, más *matcha* con leche y tés helados. *8.00-18.00 ma-vi, 9.00-19.30 sa y do*

Taber Café
63 F1

Café con paredes de ladrillo visto, fabuloso para desayunar: tostada con aguacate, tortitas, café y pasteles. *Horario variable*

Cafés del Poble-sec
Spice Café
64 F2

Perfecto para un café y generosos trozos de pasteles esponjosos. Hay que probar el que para muchos es el mejor pastel de zanahoria de la ciudad. *11.00-20.00 ma-do*

Cactus Café
65 F2

Cafetería sencilla donde disfrutar de un café y un *brunch* bajo unas luces de araña. También sirve pasteles caseros, desde el de merengue y limón al de calabaza y especias. *9.30-18.00 mi-do*

La Galena
66 F3

Cafés de especialidad, *chai* y *matcha* con leche,

más *brunch* casero y tentempiés en un luminoso y fresco interior. *9.00-16.00 lu-vi, 10.00-17.00 sa y do*

Comprar

Moda y complementos
Trait
67 E2

Concept store que vende una colección de moda y complementos cuidadosamente seleccionados, como las mochilas Rains. *Horario variable*

Brava Fabrics
68 E2

Esta marca de comercio justo, nacida en Barcelona, vende camisas y vestidos de motivos atrevidos. *Horario variable*

Alimentación y libros
Llibreria Calders
69 E1

En una callejuela próxima al Carrer del Parlament, esta coqueta librería apuesta por los autores locales y ocupa una antigua fábrica de botones. *11.00-14.00 y 17.00-21.00 lu-sa*

Quesarium
70 F1

Banon de Provence de cabra. *11.00-14.00 y 16.00-20.30 lu-sa*

Guía práctica

La Rambla (p. 34).
PERESANZ/SHUTTERSTOCK ©

Viajar en familia

Barcelona es muy familiar y eso se nota en todo, desde actividades enfocadas a los críos en los principales puntos de interés a los parques infantiles que motean plazas y parques. Los niños son bienvenidos en casi todas partes, incluso por la noche.

Lugares de interés

Muchas atracciones importantes ofrecen buenos descuentos o entrada gratuita a los niños y visitas y actividades para toda la familia, también en las obras de Gaudí. Si se va con un cochecito de bebé, las callejas de Ciutat Vella son algo incómodas, pero se podría llevar un portabebés. Algunos lugares de interés tienen espacio para dejar el cochecito y prestan portabebés.

(i) Datos prácticos

Algunos restaurantes y demás establecimientos tienen cambiadores de bebés, pero no todos. En casi todos facilitan tronas.

En Barcelona, como en el resto del país, muchas mujeres dan el pecho en público.

En las farmacias y/o supermercados de barrio venden pañales, chupetes, cremas y leche maternizada. Casi todos los hoteles facilitan cunas y camas supletorias gratuitas para niños, pero hay que solicitarlas con antelación.

LIGHTSECOND/SHUTTERSTOCK ©

Hasta altas horas

A menudo se verán niños en los restaurantes hasta tarde, sobre todo jugando en las plazas.

PLAYAS

Es fácil ir a las playas de Barcelona con críos; se accede desde el paseo marítimo y por las pasarelas de madera. La **Barceloneta** (p. 94) es la más próxima al centro urbano, aunque abarrotada; de las más apartadas, las favoritas son **Bogatell** (p. 90) y **Nova Icària** (p. 90).

Parque y jardines

Muchos espacios verdes cuentan con un sinfín de entretenimientos, sobre todo en Montjuïc (p. 164), que tiene toboganes gigantes, y en el **Parc de la Ciutadella** (p. 76).

Transporte público

En la mayoría de estaciones de metro hay ascensor (ojo con los carteristas). Los niños menores de 4 años viajan gratis. En los autobuses, se pueden estacionar cochecitos en espacios reservados para usuarios de sillas de ruedas si estos no los necesitan.

Alojamiento

La oferta hotelera de Barcelona es muy variada, desde hoteles-*boutique* y cinco estrellas con historia a albergues con mucha vida social.

Si te gusta...

 Los lugares de interés, comer y vida nocturna en el centro urbano
La Rambla y el Barri Gòtic (p. 30) o **la Ribera y el Born** (p. 64) Céntrico, turístico. Fabulosos hoteles-*boutique* y cinco estrellas, albergues animados, hoteles de precio medio infalibles.

CUÁNTO CUESTA

Dormitorio colectivo en albergue **desde 25 € por noche**

Doble en un hotel-*boutique* **desde 130 €**

Doble en un cinco estrellas **desde 250 €**

IMPRESCINDIBLE

Alquileres de corta duración

Los alquileres turísticos han incrementado los problemas generados por la masificación turística, han subido los precios para los barceloneses y han alterado el tejido de los barrios. En el 2024, el Ayuntamiento anunció la prohibición de los pisos turísticos para finales del 2028. Quien quiera alquilar uno, debería asegurarse de que tiene licencia (*fairtourism. barcelona*).

Vida nocturna, arte urbano e historia
El Raval (p. 50) Céntrico, sórdido en algunas zonas; algunos alojamientos recomendados.

 Playas, deportes acuáticos y cultura creativa
La Barceloneta, las playas y el Poblenou (p. 86) Cinco estrellas en el paseo marítimo y cerca de la Barceloneta, hoteles más pequeños en el creativo Poblenou.

Arquitectura, gastronomía y compras
L'Eixample (p. 104) Desde elegantes hoteles de precio medio a refinados cinco estrellas, en calles llenas de joyas modernistas.

Bares, escena creativa y espacios verdes
Gràcia y el Park Güell (p. 128) Buenos albergues y hoteles de precio alto en un barrio que es como un pueblo.

Comida, bebida y fiesta

Alergias e intolerancias

Todos los cafés, bares, restaurantes y hoteles están obligados por ley a indicar claramente los alérgenos, y así lo hacen con iconos en las cartas. Se recomienda verificarlo que se pida un plato e informar al personal sobre cualquier alergia. Muchos locales ofrecen platos sin gluten o adaptaciones.

CÓMO SE DICE

Tengo alergia a...	Tinc al·lèrgia a...
Frutos secos	*Fruits secs*
Marisco	*Marisc*
Gluten	*Gluten*
Productos lácteos	*Productes lactis*

?

CÓMO PREGUNTAR...

¿Es sin gluten?
És sense gluten?
¿Lleva frutos secos?
Conté fruits secs?
¿Hay una opción vegana?
Hi ha una opció vegana?

VEGANOS Y VEGETARIANOS

Barcelona es ideal para veganos y vegetarianos. Algunos platos típicos catalanes ya son sin carne (como la escalivada o los *calçots*), y muchos restaurantes tradicionales proponen alternativas vegetarianas y veganas. De la oferta más contemporánea, hay mucho donde elegir, desde bares de vinos a cartas vegetarianas.

Reservas

Aunque es posible sentarse a una mesa de un restaurante sin reserva, los más solicitados suelen exigir una reserva con, al menos, dos días de antelación. Últimamente, algunos restaurantes han introducido un límite de tiempo por servicio (2 h) para que así haya varios turnos.

Cómo pagar la cuenta

Pedir la cuenta Si no tienen prisa para vaciar la mesa, solo traen la cuenta cuando se pide. Pero si alguien va mal de tiempo puede pedirla antes.

Dividir la cuenta La mayoría de bares y restaurantes permiten dividir la cuenta; basta con especificar lo que se quiere pagar.

Propinas Aunque no son obligatorias, se agradecen. La cuenta no las incluye. De querer dejar propina, lo normal es entre el 5 y el 10%.

Bares de 'pintxos' Al comer en un bar de *pintxos*, hay que guardarse los palillos y contarlos para saber lo que se debe.

PRECIOS

Los siguientes corresponden al precio de un plato principal.

€ menos de 12 €
€€ 12-20 €
€€€ más de 20 €

HORARIOS

Cafés 7.00-hasta tarde
Bares de copas Varían mucho; a menudo 18.00-hasta tarde
Restaurantes 13.00-16.00 y 20.30-23.00 o 24.00

 ## Salir

Vida en las plazas

Hay bares animados por toda la ciudad, sobre todo en las plazas de barrio, donde en la hora punta hay que espabilarse para ocupar una mesa vacía. Las plazas se animan a media tarde con la gente que sale del trabajo y se toma unas copas y unas tapas.

Cultura del vermut

Sobre todo los fines de semana, la gente se encuentra antes del almuerzo para *fer el vermut,* es decir, tomar un vermut, a veces acompañado de una tapa.

Cócteles, vino y cerveza artesana

Los cócteles están de moda en Barcelona y estaría bien dedicar una noche a probar mezclas creativas en bares premiados (con reserva previa). O ir a un elegante bar de vinos o de cervezas artesanas.

Discotecas

No hay que ir antes de la 1.00. En general, la gente se acicala para ir a la discoteca donde la marcha dura hasta las 6.00.

CUÁNTO CUESTA

Café 1,50-2 € (3-4 € si es de especialidad)

Copa de vino desde 3 €

Vermut 2,50-5 €

Pincho de tortilla 4,50 €

Cóctel artesanal 14 €

Cena en un restaurante con estrella Michelin desde 130€

Menú del día en un restaurante informal 14 €

Paella o arroz desde 20 € por persona

Comunidad LGTBIQ+

Barcelona es uno de los mejores destinos de España y de toda Europa para los viajeros LGTBIQ+.

La escena de Barcelona

En el 2005 España fue el cuarto país del mundo en legalizar los matrimonios homosexuales, y en el 2024 ocupó el primer puesto en el Spartacus Gay Travel Index. Hace mucho tiempo que Barcelona desempeña un importante papel en la lucha por los derechos del colectivo LGTBIQ+.

La escena LGTBIQ+ se concentra en el Gaixample (p. 126), una dinámica zona de L'Eixample al oeste de la Rambla de Catalunya. Está llena de bares, clubes, espacios culturales, librerías y hoteles. Aquí están los principales locales, aunque hay otros animados establecimientos de ambiente en el Poble-sec (**La Federica** es popular), Sant Antoni (hay que ir al **Candy Darling,** p. 126) y el Raval (espectáculos de *drag queens* en **El Cangrejo;** copas en **La Monroe,** p. 63).

IMPRESCINDIBLE

★ Sitges

Barcelona cuenta con una rica oferta, pero la capital LGTBIQ+ de España es Sitges, 35 km al suroeste de Barcelona, muy bien comunicada en tren (45 min). Esta localidad costera amante de las artes es un destino clave en el circuito internacional de fiestas y acoge fabulosas playas LGTBIQ+, un escandaloso carnaval en febrero/marzo y un desfile del Orgullo en junio.

ORGULLO Y MÁS

El colectivo LGTBIQ+ es el protagonista del **Pride Barcelona** (p. 121) que dura dos semanas (fin-jun/ppios jul). El **festival Circuit** (*circuitfestival. net*) y el festival de cine **Fire!!** de junio también son populares.

NITO/SHUTTERSTOCK ©

ALOJAMIENTO LGTBIQ+

Axel Hotel (p. 126) es un conocido alojamiento LGTBIQ+ en pleno Gaixample, con un divertido bar de azotea y otro hotel en el vecino Sant Antoni.

Recursos

● **Casal Lambda** Importante **asociación** LGTBIQ+ que funciona desde la década de 1970; también programa el festival de cine Fire!! ● **Time Out Barcelona** Publica mucha información sobre locales de ambiente ● **Gay Sitges** Un abanico de guías LGTBIQ+, que incluye Sitges, Barcelona y otros destinos en España.

Salud y seguridad

Barcelona tiene problemas con los hurtos, pero hay muchas formas de prevenir para evitar disgustos.

OLAS DE CALOR Y SEQUÍAS

Cada vez son más intensas, debidas al calentamiento global. En el 2023, Barcelona alcanzó su segunda temperatura más alta jamás registrada: 38,8°C. Hay que seguir las instrucciones que dan las autoridades locales. Las duchas de las playas, las fuentes y las piscinas pueden estar cerradas.

Robos, estafas y seguridad

Los delitos con violencia son poco frecuentes, pero los delitos menores (tirones, carteristas) son un problema, sobre todo en las zonas turísticas (La Rambla, Barri Gòtic) y en el metro. En el Raval aún hay calles que es mejor evitar (p. 59), igual que en la parte baja de La Rambla. Hay que vigilar los objetos personales, no llevar nada de valor a la playa y ser precavidos con las técnicas de distracción. El Ayuntamiento facilita paquetes de emergencia a los bañistas a quienes han robado sus pertenencias (p. 95).

Mujeres viajeras

Muchas viajeras exploran Barcelona sin problema, pero hay que seguir los consejos de seguridad que se aplican en cualquier ciudad grande.

Seguro

Se recomienda contratar un seguro de viaje que cubra problemas médicos, emergencias y cancelaciones o retrasos. La Tarjeta Sanitaria Europea (TSE) da derecho a los ciudadanos comunitarios a recibir prestaciones sanitarias en España. Los viajeros extracomunitarios deberían comprobar si sus países tienen un acuerdo recíproco de asistencia médica con España.

--- CÁNNABIS ---

Está despenalizado, pero solo para consumo personal y en pequeñas cantidades. El consumo en público, la venta o la compra son ilegales.

A TENER EN CUENTA

Seguridad en la playa
No dejar nada jamás sin vigilar y no quitar ojo de las pertenencias.

Banderas de la playa
Fijarse en las banderas (verde significa seguro).

Seguridad
Asegurar siempre la bicicleta con un candado, aunque se pare solo un rato.

Turismo responsable

Seguir estos consejos para dejar menos huella, apoyar lo local y tener un impacto positivo en los barrios.

De temporada, 'slow' y local

La mejor cocina de Barcelona se prepara con ingredientes frescos, de temporada y, a menudo, ecológicos, muchos comprados en mercados locales donde, de paso, se apoya al pequeño comercio. El animado **Mescladís del Pou** (p. 83) de la Ribera es ideal para una comida mediterránea, emplea a inmigrantes e imparte cursos de cocina a colectivos marginalizados. También se puede cenar en **El Chigre 1769** (p. 73), acreditado como Slow Food, y en el **Flax & Kale** (p. 61), con el certificado de B Corporation.

Cultura cafetera

Tomarse un café en un tostadero local. **SlowMov** (p. 142) trabaja con pequeños productores de café y utiliza envases degradables, mientras **Nømad** (p. 84), con el certificado de B Corporation, da prioridad a la sostenibilidad y a los caficultores.

DESDE LA IZDA.: ASFOODSTUDIO/SHUTTERSTOCK ©, NINA KARETSKA/SHUTTERSTOCK ©

IMPRESCINDIBLE

Circuitos diferentes

La empresa de integración social **Hidden City Tours** (p. 59), cuyos guías han sido en algún momento personas sin hogar en Barcelona, ofrece circuitos a pie.

Más allá del centro

Hay que apartarse del masificado centro histórico para descubrir barrios más tranquilos, puntos de interés menos conocidos, rincones de barrio y vistas maravillosas. **Sarrià** (p. 152), **Pedralbes** (p. 147), **Horta** (p. 139) y el **Parc Natural de Collserola** (p. 148) son buenos puntos de partida. Si se visita Barcelona en temporada baja, se encontrará menos gente y alojamientos a mejor precio, y de paso se aligerará presión en los recursos locales.

Recursos

● **impactrip.com** Certificado de B Corporation para circuitos responsables y oportunidades para voluntarios ● **barcelonaturisme.com** Web oficial que da consejos para que la visita sea responsable.

EXPERTOS LOCALES

La mejor forma de profundizar en Barcelona es con un especialista local, desde participar en una **clase para aprender a hacer paella** (p. 97) con una chef en el Poblenou a recorrer L'Eixample con un **arquitecto** (p. 119).

Artesanía y tiendas tradicionales

Cerámicas hechas a mano, abanicos pintados, joyería hecha con cariño... Barcelona tiene un rico patrimonio de arte y artesanía, visible en pequeñas *boutiques* y estudios. Gràcia tiene fama por sus estudios de artesanías (algunos imparten cursos, como **Atelier Molí** (p. 137), y por sus tiendas ecológicas, con *boutiques* como **Olokuti** (p. 143).

La ciudad también tiene muchas tiendas especializadas con solera, pero muchas se enfrentan al cierre debido a la subida de los alquileres (p. 44). Se pueden encontrar artículos tradicionales en **Casa Gispert** (p. 85), **La Manual Alpargatera** (p. 49), **Escribà** (p. 47) y otros clásicos protegidos.

EXPLORACIONES ACTIVAS

Barcelona es ideal para pasear, correr, ir en bici, salir en surf de remo y demás actividades al aire libre de bajo impacto. Se puede investigar en un **circuito en bicicleta** (p. 105). En la Barceloneta, **Underwater Barcelona** (p. 97) organiza limpiezas de playa y del fondo marino.

El cambio climático y los viajes

Es imposible ignorar el impacto de nuestros viajes. Lonely Planet anima a todos los viajeros a involucrarse en su huella de carbono. Muchas webs de líneas aéreas y sitios de reservas ofrecen la opción de compensar el impacto de los gases de efecto invernadero realizando donaciones para iniciativas respetuosas con el clima en todo el mundo.

La **UN Carbon Offset Calculator** (calculadora de emisiones de carbono de la ONU) muestra cómo afecta volar a las emisiones por vivienda (que es como se calcula)

La **calculadora de emisiones de carbono de la OACI (Organización Internacional de Aviación Civil)** permite a los viajeros medir el CO_2 generado por los viajes

Accesibilidad

Puntos de interés

Los viajeros con discapacidades suelen tener derecho a entradas con descuento o gratuitas a los lugares de interés, muchos de los cuales ofrecen visitas adaptadas. Comparado con otros centros históricos europeos, el Barri Gòtic es regular y, en su mayoría, plano. El **Parc de la Ciutadella** (p. 76) cuenta con caminos, rampas y señalización en Braille.

Transporte público

Todos los autobuses de Barcelona están adaptados a personas con movilidad reducida, como casi todas las 167 estaciones del metro, que además tienen máquinas de venta de billetes con opción en Braille. Muchas compañías de taxis tienen vehículos adaptados. El aeropuerto ofrece asistencia gratuita a los viajeros con discapacidades; hay que solicitar este servicio con 48 h de antelación *(aena.es)*.

CIRCUITOS

Cada vez hay más circuitos adaptados a visitantes con discapacidades, como los itinerarios para personas con movilidad reducida de **Barcelona Accesible** y **Barcelona Turisme. Barcelona Architecture Walks** (p. 119) ofrece rutas aptas para sillas de ruedas.

Playas

Las playas de Barcelona son accesibles y cuentan con pasarelas de madera y zonas de descanso para bañistas con discapacidades. Las playas de la **Barceloneta** (p. 94) y **Nova Icària** (p. 90) ofrecen asistencia en verano.

IMPRESCINDIBLE

Muchos monumentos de Barcelona trabajan para conseguir mayor accesibilidad, también en edificios de Gaudí. La **Casa Batlló** (p. 112) está totalmente adaptada para sillas de ruedas (también la azotea) y cuenta con un equipo de personas neurodivergentes para ayudar a los visitantes, pero también guías de audio y escritas en muchos idiomas. **La Pedrera** (p. 114) ofrece maquetas y planos táctiles, videoguías y audioguías, y presta sillas de ruedas y sillas portátiles; también ofrece visitas guiadas para personas invidentes o sordas si se solicitan con antelación.

ALOJAMIENTO

Todos los hoteles de nueva construcción están obligados por ley a tener habitaciones adaptadas para sillas de ruedas. Para asegurarse que así es, se recomienda contactar antes con el hotel, porque en algunos edificios antiguos es más complicado.

Recursos

● **Barcelona Turisme** *(barcelona-access.com)* Guía exhaustiva de servicios accesibles, de playas y monumentos a circuitos.

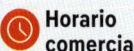

Lo esencial

Horario comercial

Varía cada temporada, siendo más reducido en invierno. Hay lugares que cierran en agosto.

Restaurantes 13.00-16.00 y 20.30-24.00

Tiendas 9.00 o 10.00-13.30 o 14.00 y 16.30 o 17.00-20.00 o 20.30 lu-sa

Cafés 7.00-hasta tarde

Bares de copas 18.00-2.00 (hasta 3.00 fines de semana)

Discotecas 24.00-6.00 ju-sa

Bancos 8.30-14.00 lu-vi; algunos también 16.00-19.00 ju

Museos y galerías de arte normalmente 10.00-20.00; muchos cierran los lunes

Abierto
Obert
Cerrado
Tancat

Consejos prácticos

Está prohibido fumar en bares, restaurantes, transporte público, parques infantiles, playas y cerca de hospitales. No hay muchos lavabos públicos. Se puede entrar a un centro comercial o tomar un café en una cafetería/bar para usar uno. La mayoría de cafés, restaurantes, bares y hoteles tienen wifi gratis, igual que el metro y los autobuses.

A TENER EN CUENTA

Zona horaria GMT/UTC +1 (+2 h en verano)

Prefijo telefónico del país +34

Emergencias 112

Población 1,6 millones de hab.

ELECTRICIDAD
220V/50Hz

Fiestas oficiales

Año Nuevo 1 de enero

Día de los Reyes Magos 6 de enero

Vienes Santo Marzo/abril

Lunes de Pascua Marzo/abril

Día del Trabajador 1 de mayo

Lunes de Pentecostés Mayo/junio

Fiesta de San Juan 24 de junio

Día de la Asunción de la Virgen 15 de agosto

Diada Nacional de Catalunya 11 de septiembre

Fiestas de la Mercè (fiesta mayor de Barcelona) 24 de septiembre

Día de la Hispanidad 12 de octubre

Día de Todos los Santos 1 de noviembre

Día de la Constitución 6 de diciembre

Día de la Inmaculada Concepción 8 de diciembre

Navidad 25 de diciembre

Día de San Esteban 26 de diciembre

Idioma

El idioma propio de Cataluña es el catalán, pero la población es bilingüe, por lo que hablan tanto este idioma como el castellano, y la mayoría de señalizaciones están en ambos idiomas. Al ser una tierra eminentemente turística, se hablan también otros idiomas. Nadie espera que los visitantes aprendan a hablar en catalán durante sus vacaciones, pero conocer algunas expresiones puede ser de gran ayuda, y siempre se apreciará el esfuerzo del visitante.

Lo básico

Hola.
Hola.

Adiós.
Adéu.

Hasta la vista.
Passi-ho bé.

Sí./No.
Sí./No.

Quizá.
Potser.

Por favor.
Si us plau.

Gracias.
Gràcies.

De nada.
De res.

Disculpe.
Disculpi.

Frases útiles

Buenos días. Bon dia.

Buenas tardes. Bona tarda.

Buenas noches. Bona nit.

¿Cómo se llama? (for.) Com es diu?

¿Cómo te llamas? (inf.) Com et dius?

Me llamo ... Em dic ...

No le entiendo. No l'entenc.

¿Puede hablarme en castellano, por favor?
Em podeu parlar en castellà, si us plau?

¿Puede repetirlo?
M'ho podeu repetir?

¿Cómo se dice... en catalán?
Com se diu... en català?

¿Puedo...? Puc...?/Que puc...?

¿Me permite? Em permet?

Lo siento. Em sap greu.

Números

 un

 dos

 tres

 quatre

 cinc

Direcciones

¿Dónde está el/la...? **On és el/l'...?**

- cajero automático — **caixer automàtic**
- banco — **banc**
- mercado — **mercat**
- museo — **museu**
- restaurante — **restaurant**
- lavabo — **lavabo**
- oficina de turismo — **oficina de turisme**
- policía — **policia**

Emergencias

¡Ayuda! Ajuda!

Estoy enfermo/a. Estic malalt/a. (m/f)

¡Llame a la policía! Truqui a la policia!

¡Llame a un médico! Truqui a un metge!

¿Dónde están los servicios?
On són els serveis?

Tiempo

¿Qué hora es? **Quina hora és?**

Son (las diez). **Són (les deu).**

¿A qué hora abren/cierran?
A quina hora obren/tanquen?

mañana	**matí**
tarde	**tarda**
noche	**nit**
ayer	**ahir**
hoy	**avui**
mañana	**demà**

LAS HORAS Y LOS CUARTOS

La expresión de las horas en catalán es peculiar. La referencia a los cuartos de hora *(quarts)* se hace siempre pensando en la hora siguiente. Las 10.45 o 22.45 son *tres quarts d'onze:* las diez horas y tres cuartos (las once menos cuarto).

2.30 - *dos quarts de tres* (para llegar a las 3.00 ha transcurrido media hora).

9.20 - *un quart i cinc de deu* (para llegar a las 10.00 han transcurrido un cuarto de hora y cinco minutos).

9.40 - *tres quarts menys cinc de deu* (para llegar a las 10.00 han transcurrido tres cuartos de hora menos cinco minutos).

5.50 - *tres quarts i cinc de sis* (para llegar a las 6.00 han transcurrido tres cuartos de hora y cinco minutos).

sis

set

vuit

nou

deu

Índice

Puntos de interés p. 000
Págs. de los planos **p. 000**

Véanse también los subíndices:

🍴 **Comer p. 189**
🍺 **Beber p. 190**
🛍 **Comprar p. 191**

 Comer

Beber

Comprar

La opinión del lector

Nos encanta escuchar a los viajeros, ya que con sus comentarios nos ayudan a mejorar nuestros libros. Podéis escribirnos a lonelyplanet.com/contact; leemos todos los mensajes y garantizamos que estos lleguen a los autores.

Nota: Es posible que algunos fragmentos de estos mensajes aparezcan en nuevas ediciones de las guías Lonely Planet, en la web o en productos digitales. Si preferís que vuestro contenido o nombre no sean publicados, por favor, indicadlo claramente. Para obtener una copia de nuestra política de privacidad, podéis visitar lonelyplanet.com/legal.

geoPlaneta
Av. Diagonal 662-664, 08034 Barcelona
www.geoplaneta.com – www.lonelyplanet.es
Lonely Planet Global Limited
Lonely Planet Global Limited, Digital Depot,
The Digital Hub, Dublín D08 TCV4, Irlanda
www.lonelyplanet.com
Contacta con Lonely Planet en: lonelyplanet.com/contact

Barcelona de cerca
8ª edición en español – mayo del 2025
Traducción de *Pocket Barcelona*, 9ª edición – febrero del 2025
© Lonely Planet Global Limited
1ª edición en español – enero del 2008

Editorial Planeta, S.A.
Av. Diagonal 662-664, 7º, 08034 Barcelona (España)
Con la autorización para la edición en español de Lonely Planet Global Limited, Digital Depot, The Digital Hub, Dublín, D08 TCV4, Irlanda

© Textos y mapas: Lonely Planet, 2025
© Fotografías: según se relaciona en cada imagen, 2025
© Edición en español: Editorial Planeta, S.A., 2025
© Por la traducción del texto: Ton Gras, 2025

ISBN: 978-84-08-29876-2
Depósito legal: B. 20.393-2024
Impresión y encuadernación: Unigraf
Printed in Spain – Impreso en España